過好自己的人生

100則人生離苦的智慧

⊙延參法師——著

目錄

Part 1

活出人生好時節

Part 2

不忘本心

Part 3

人生就是一場修行

Part 4

在複雜的世界裡簡單地活著

Part 5

把心安放在美好上

Part 6

不完滿才叫人生

Part 7

紅塵無錯

Part 8

使人成熟的不是歲月，而是經歷

第一章　活出人生好時節

四季雖美，但都有缺憾，人生亦然。人生的價值不在於你活了多少年，而在於你走過的生命中有多少「好時節」。看開了，知足、樂觀地活，便能活出人生好時節。

人生了然是清涼

浮生一場，起起伏伏，所有不可避免的麻煩都是對我們胸懷的考量。悅納生活給予的一切，不糾纏過去，不擔憂未來，學會享用眼前好時光。

人生煩惱多，如何得清涼？

生活中總有不盡如人意處。煩惱不期而至時，並非大敵來臨，急於固執地對抗或消極逃避，都未必是好辦法。觀察我們的內心，清醒地去覺知煩惱，不對立、不糾結，努力尋找一種適宜的心態，去坦然面對它、接受它、看清它，最終放下它。因為煩惱也怕受冷落，你對它不聞不見，它無趣而去，你便得自在清涼。

面對煩惱，難免臉色難看，我們要學會觀察自己的心態是否客觀，學會不斷嘗試調伏內心的戾氣。因為內心柔和，顏色才能改變。無論如何，心底相信一種觀念：煩惱處即覺醒處，掙扎時即擺脫時。人生的成長，大半來自對煩惱的深刻思考與正確對待，煩惱不厭其煩地出現，恰恰是生活的誨人不倦。

浮生一場，起起伏伏，所有不可避免的麻煩都是對我們胸懷的考量。悅納生活給予的一切，不糾纏過去，不擔憂未來，學會享用眼前好時光。瑣碎平常的日子裡，心頭清涼何處是？不過一念思量間。不計較雜七雜八的得得失失，不傷懷風來雨去的離合悲歡。

計較處，把心堵；心寬處，清涼住。

人間是非榮辱，無非是一場東風西風逐浮塵，又有什麼呢。真正懂生活的人，他內心駐守的是智慧清涼；他的日子，該做時做，該吃時吃，該喝時喝，該睡時睡，不去刨問生命的意義。他懂得，要活得不執著，靜守一顆無事心，選擇生命的平靜祥和。

人生了然處，讓心安住於一泓澄澈：一念慈悲，人心清涼；一念向善，生命清涼；一念平等，世界清涼。

延參法師智慧語錄

人間多少事，越看越朦朧，裝傻也罷，賣癡也罷，季節到了，歲月不留，生命恰似秋天的那片落葉，早一些晚一些都是告別，不必要貪戀，不必要扭捏，要讓凋謝來得堅決一些。

可以說，生命是一次握手，也是一次了無牽掛的放手，漫步人生路，歎息成絕句，微笑地看自己，既然來了，那就只剩下悄然地離去。

走過一回歲月的思索，就算對自己存一點惻隱之心，不是生活給了我們折磨，是我們自己放不下，自己折磨了自己，不假思索地傷害。

人生的道路寬寬窄窄東西南北，注定要經過各種挫折，世外桃源總是夢想，自己的左手打了自己的右臉，本身就是一種幸福。幸福本身就沒有特定的狀態，把挑剔的毛病去掉，你的人生必定豁達樂觀。如果一定要找到打你臉的手，請相信，與別人無關。

忽然地面對

別去奢求那些不屬於自己的，人有時候是很顛倒的，總是把不屬於自己的當作最美的幸福，自己擁有的卻滿不在乎，等到失去了又黯然神傷。

飛雪如絮，如約而至，雪覆翠竹，微風拂面，這一切替路邊的街道增添了一份清新。人生消息何須問，冷暖炎涼自擔當；命運莫嫌路崎嶇，塵囂落盡月當空。人生路途，到來的未必是我們曾經期待的，但是，既然來了，屬於自己的幸福，就應該珍惜。這世間，很多事情並不會如人所願，你心心念念的願望未必成真，成真的未必是苦苦追求的，但是，在現實面前，最明智的還是好好地享受屬於自己該面對的。

命運恰如眼前的雪景，細細咀嚼其中的清絕與蒼涼，人生又何嘗不是？如果能珍惜每一次降臨到自己眼前、身邊的美好，最後就能積累成自己生命裡的風景。

我們的心，它總會有許許多多的想法和追求，總是喜歡游離現實，在起伏遙遠的想像的世界流連忘返。甚至還有許許多多的分別，總是習慣以事的好壞、人的高低，並由此引發一連串的壞情緒，莫測無常地侵擾原本平靜的生活。

一不留神，一旦我們隨著它飄遠，就會忘了自己真實的存在，忽略自己最貼近的距離，然後在別人的仰望裡仰望著那些遙不可及的背離。

感知恩怨，體味樸素，依靠的是每個人自己的這顆心。佛門有個比喻，把看守自己的心比作牧牛，這頭牛很調皮，總是愛跑到很遠的地方遊玩並忘記回家，所以，要學會把這頭牛牽回家。但是，你牽著它的時候，它還總是給你搗亂，甚至它會肆意毀壞別人的莊稼，所以，需要你時時刻刻看好它。等到這頭牛漸漸地溫順聽話，你就可以枕著青草地在陽光下安心地打盹兒睡眠。久而久之，你也分不清誰是牛誰是你。

這顆心，原本應該在我們的胸膛安分地待著，但是，它愛到處跑，像一葉小舟在無盡的大海中漂搖。所以，我們要學會讓它靠岸，不要讓它到處地追尋它所謂的幸福。別去奢求那些不屬於自己的，人有時候是很顛倒的，總是把不屬於自己的當作最美的幸福，自己擁有的卻滿不在乎，等到失去了又黯然神傷。

讓心靠岸，世間的繁華任他繁華，我只安享自己擁有的安靜；人世的紛擾由他紛擾，我只靜守自己內心的淡泊。得與失，不過生命天空裡的雲來和雲去，於生命本身而言，都是一種收穫。這世間最大的收穫，莫過於再沒有任何事能羈絆住心的自由，再沒有任何風霜能掀起心的起落，心不漂泊、心不迷惑，耳畔聽微風，恩怨不相關。

當年路，如行雲；一笑來，又忽然；人莫嗔，閑面對。

延參法師智慧語錄

人生一回，波瀾不驚，管他眼前驚濤駭浪，繁華一場終付流水。不要緊抓住生活的煩惱不放，得得失失的旅程，經歷著悲歡離合。一個人散步也罷，成群結隊也罷，歲月都似流觴，起起落落，又說得什麼長久？如果真正地認識生活，不必要為煩惱掙扎，灑灑脫脫地說一句：愛著生活，一無所求。人生路上都在不停地尋找幸福，都希望當一個「幸福的富翁」，看得清了總發現自己兩手空空，睡不醒了才發現自己金玉滿堂。人生一場夢，總在醒與不醒間。

又是春暖花開

人生多少苦惱，也似秋霧散不開，不是霧氣濃，而是糾纏的悲哀。生命的快樂，就是命運的座標，用你的堅強來對待你的生活，人生是一場精彩，不是一場蒼白的黑白。

暖風一陣接著一陣，細雨悄然不期而至，漸停漸歇之間，有水霧上騰，緩緩充溢在這祥和安寧的世間。整個世間仿若煙紗籠罩，飄逸而從容。而春的暖意就是這樣隨之漫步而來，彌漫了整個煙火人間。

春暖花開，灼灼華華，看山間的野花次第爛漫綻放，如星如鑽。春暖花開，看亭台水榭間碧水蕩漾，煙波浩渺。春暖花開，春意游離的皎皎月夜下，一棵白色花樹仙姿盎然，只一陣春風輕拂，漫天雪白的花瓣輕捲細舞，紛紛揚揚，飄飄灑灑，落英繽紛。

春暖了，花亦會開，就彷彿是舊年的一場相約，你穿過層層雲翳，破寒而來，而我則在枝頭笑看你款款而至，只待你嫣然一笑，我便怦然輕綻於枝頭。

佛說：菩提本無樹，明鏡亦非台。本來無一物，何處惹塵埃。春暖時節，將霜雪的純淨鐫刻在舊年清冷的時光裡，貪一晌安暖，靜等那如水清顏，行走於這世間。春暖花亦開，讓那些晦暗明澈起來，讓那些鋒芒溫潤起來。

春暖花開，捨去舊寒，掬一捧春的暖意，將世間的花一一拂開。然後融融春意就在這世間流洩輾轉，一家一戶地輕叩，給嬰孩的眉間添一份童稚，給老人的笑紋裡添一絲明徹。

四時流轉，春暖花開雖然只是一道如常卻溫暖的風景，可如果你需要有人同行，我願陪你走到未來深處。生命如水，時而會靜如深水，時而會澎湃如歌。而春暖花開，這就是我們存在的世界。每次如火的怒放都是心中噴薄的希望與愛。如此，幸福會一直與我們同在。

依著春日的暖，歲月如水而過，指尖的浮華隨那一江水淙淙而去，眉間的倦愁隨眼際的一絲薄煙消逝在春風中。人生這場充滿無限可能的旅途，只要我們把握好當下，有時無須等到春暖，一樣會等到花開。

延參法師智慧語錄

生活中並沒有傷害你的力量，所謂的煎熬不過就是來自你的奢望，有時候在生活裡感到疲憊不堪，回頭想一想，哪裡來有什麼負擔？告訴自己既然沒什麼必要，那又何必？

生活是一場過往，你的柔弱就注定備受傷害，多少往事終究飄遠？你的態度就是你的從容，不要認為快樂很遙遠，它就在你的惆悵背後。

人生多少苦惱，也似秋霧散不開，不是霧氣濃，而是糾纏的悲哀。生命的快樂，就是命運的座標，用你的堅強來對待你的生活，人生是一場精彩，不是一場蒼白的黑白。

生活的品質，本沒有什麼一定之規，不怕失眠，不怕風吹。活一回人生，不妨做一回散步的海龜，活到老，其實就是熬到老，勸朋友們一句真心話，有時間活動活動腿腳，一路走好。

總要好好活

世間的美好，就在於梅花半開竹映雪，懂得去欣賞苦難，懂得去品味艱難，懂得去讚美生活。落花流水又如何？滿身傷痕又如何？走過折磨，折磨不過就是一片被污染的空氣。

每個人的人生，的確是一場無法逃避的辛苦。但人生的最底線是不放棄自己。我們既然不是命運的旁觀者，那麼就應該思索如何走好這一趟風雨人間。種一顆善因，存一份善念，結一份善緣，簡簡單單、平平安安，走好每一天，這也是一份命運的真實內涵。

如果感到生活中有什麼聚散離合，那是我們自己心中的執著和眷戀；如果認為生活有什麼刻意刁難，那也只是我們心地的狹隘與自私。如果真的覺得生活就是在戲耍自己，做什麼都是平白努力、毫無意義，那真是自己的失誤和無能。生活不需要為你付半分責任，只能說生活對你寄予無比的厚望，而你卻讓生活失望透頂。

不要埋怨生活的造化弄人，不要相信生活裡誰會背叛誰、誰不會背叛誰。人生路上，緣分有深有淺，我們只是被自己那顆善變而躁動的心弄得煩惱不安。其實看明白了，每個人對於自己原本都是相同的距離，這份差異只取決於自己。開心了就和朋友相談甚歡，不如意了就對朋友冷眼相待，生活中的緣分就在自己不經意間分出高低不平。說到底，不過是自己的一場戲中戲，看淡、隨順，一切隨緣，自然就寧靜、心安，不生分別。

人生路上，也不可能永遠風平浪靜、一帆風順，有時也有暗流險灘，檣傾楫摧。但是，歲月滾滾、紅塵滾滾，人活著這一生，說好的要走好，那麼就要一步步地踏踏實實地走，即便哪天不小心摔了一跤，滾了一身泥水，滾了一身傷痛，那也是生命的進行式，不如重新起來看看方向，哪裡輕鬆滾向哪裡，越滾越灑脫，越滾越豁達，總能滾出個條條道道來。可是，你說，要是滾得渾身骨折，沒法再滾了怎麼辦？

世間的美好，就在於梅花半開竹映雪，懂得去欣賞苦難，懂得去品味艱難，懂得去讚美生活。落花流水又如何？滿身傷痕又如何？走過折磨，折磨不過就是一片被污染的空氣。何必與有染的空氣糾纏？朝氣蓬勃地過著自己的生活，多好。

走自己的歲月，仰望高高的天空，活一回人生，不妨做一回散步的清風，不是誰的什麼天敵。心靜如水，給自己留下一片純淨的心靈空間，不管是潮起潮落，也不管是陰晴圓缺，都免去浮躁，義無反顧，從容來去，輕鬆自如地走好人生路上的每一步。

日子總要好好活，好好地去活才是對命運最好的拓寬，幸福從來也不排除淚水，讓這一切用它的姿態去發生，讓這生活用自己寬闊的胸懷去接受。

延參法師智慧語錄

面對生活的曲折，自己的信念就是生活的力量，有句俗話說得好，每個生命都從來不曾卑微，說的不是別人，是自己。

走在人世間，每個人都付出了辛苦和汗水，人世間也沒有固定的標準來衡量成與敗，就算生活裡飽含苦難，我們對命運的態度也應該保持欣喜若狂，沒有超越不了的苦難，只有妥協的心。

有人問什麼是活著的意義。我們活得可以很簡單，但一定要有足夠的堅強。我們可以在生活裡忍耐失落，相信樂觀能改變一切，沒有什麼大不了，不過就是和痛苦一番較量。

不要讓生活活得過累，恰當地說，珍惜時光是珍惜休息的時光，尊重勞動，更尊重休息。人這一生，不是備嘗艱辛，更不是疲於奔命。可以說，樂觀的面對生活是一種不錯的生活方式。

灑脫人生

灑脫的人生不在一閃而過的昨日，也不在遙遙相望的未來，而就在蓬勃生動的當下。只有在當下活得真實、自信、自然、知足而常樂，人生才能清淨灑脫自在。

站在人生的岔路口，看遠方湛藍的天色漫延在巍巍群山之間，突然有那麼一瞬，風雲倏忽變幻著，山色漸漸空朦，雪花飄落，一片白茫茫，銀裝素裡，一陣寒風襲來，頓時讓人有幾分寒意。而不遠處一樹梅花綻放依然，那份堅強、那份傲骨，不由讓人肅然起敬。

灑脫的人生猶如一江東流水潺潺而去，無從阻隔，無從羈絆，最終或匯入大川，或飛落成瀑。灑脫的人生猶如飽經風霜龜裂的山崖上挺立的山松，風霜越緊，它卻越是傲立。灑脫的人生是天空飛逝變幻的野雲，從不為誰停駐；灑脫的人生是耳畔浮掠而過的快風，從不流連於世間的綠樹叢林。

灑脫的天性是不會複製和變異的。灑脫的人生是面對艱難情勢時毅然決然選擇後的一路堅持和一路無悔；灑脫的人生是遵從樂觀態度，正視缺憾的一種生活準則。灑脫的人生不是苛責的人生，而是要學會順勢而為；灑脫的人生更不是玩世不恭、不管不顧、任意妄為。

灑脫的人生是通透簡單的人生，始于清明，終於徹悟。灑脫的人生是放下我執的人生；灑脫的人生是從自我突圍出來的人生。

灑脫的人生無懼於突如其來的困難，所以灑脫的人生也是從容冷靜的人生；灑脫的人生無畏於世事的煩瑣細碎，所以灑脫的人生也是平和有序的人生；灑脫的人生從不囿於當下的困惑和迷茫，而是用努力和辛勞去填充，所以灑脫的人生是清醒理智的人生。灑脫的人生總是可以把複雜的事情簡單化，舉重若輕，點石成金。

灑脫的人生不在一閃而過的昨日，也不在遙遙相望的未來，而就在蓬勃生動的當下。只有在當下活得真實、自信、自然、知足而常樂，人生才能清淨灑脫自在。

心逐碧草搖清風，引得馨香沁心田。人生這一場風雨穿梭，灑脫的人生源自心頭的平和、寬闊、清涼和真實，而不是活在別人的意願和標準裡，也不是活在別人異樣的目光裡。灑脫的人生源自內在的健康、積極、奮進，而不是自我的沉迷、靈魂的放縱和世事的纏癡。

人生這一場，無法把握的東西太多太多。既然如此，何不讓自己恣意縱橫灑脫自由地過完這一生？不言世間懊惱事，心頭自開白蓮花。人生相遇多歡顏，心地無礙自灑脫。

延參法師智慧語錄

人生一回，要活得有品質，還要夠灑脫，那麼就要學會把掃興變得高興，不是必需的儘量不索取，告訴自己好的壞的總會過去。

這個世界從來就不缺少故事，不管是正版的還是山寨的，人這一生唯一需要注意的就是超越自己的狹隘，別人複製了你的快樂是一種幸福，你山寨了別人的煩惱肯定不是什麼明智。

如果你不想自尋苦惱，那麼就不要把自己當回事，不管誰走近你的生活，不能不把別人當回事。有一種煩惱是一種痛苦的折磨，那就是後悔。

禪門有句話，忘你忘我、忘是忘非、忘有忘無，但並不是和生活作對。記住一句話，快樂人生唯一忘。

煩惱哪兒去了

一個人，「我」心太重，認不清自己是何許人，抱定自己正確、做得對，習慣於用自己的觀念想法去衡量他人與外在世界，一葉障目，煩惱當即現前。

有個故事：某青年向禪師請教去除煩惱的辦法，禪師便請青年幫忙修剪環繞禪寺的樹籬笆。青年於是每天埋首工作，用了一周時間終於剪完了。但他很快發現，一周前剛修剪過的枝椏，已經枝繁葉茂了。

青年跑去問禪師：「籬笆生長的速度超過我修剪的速度，怎麼辦？」

禪師回答：「繼續剪。」

青年只好從頭開始。又一周過去，青年再度詢問禪師，還是得到相同的答案，繼續剪。

青年剪了一圈又一圈，皮膚曬黑了，手掌生出厚繭。當禪師又叫他「繼續剪」的時候，青年叫起來：「自從我來到禪寺，您從未告訴我怎樣去掉煩惱，只是叫我剪樹，我受不了了！」

禪師反問：「你為什麼不繼續剪樹？」

「因為永遠都剪不完啊！」青年說。

「你的煩惱也是如此，」禪師微笑說，「煩惱永遠會不斷增生，我們只能盡力修剪。」

人生在世幾十年，不如意事十之八九。學會修剪日常的煩惱也是生活的必修課。

當一個人心裡口裡不斷重複的是「我想」「我要」「我覺得」「我喜歡」時，那就是用一顆有染的心去看世界——他正在把自己變成煩惱的加工廠，煩惱由此綿綿無絕期。

一個人，「我」心太重，認不清自己是何許人，抱定自己正確、做得對，習慣於用自己的觀念想法去衡量他人與外在世界，一葉障目，煩惱當即現前。

人為什麼煩惱？沒有為什麼。煩惱是一個人用心製造的自我傷害，就是人們常說的「自尋煩惱」。帶著無明的心去生活，見利生貪心，見憎生嗔恨，見好色難免癡迷，見不如己者又傲慢自大；當生活稍有挫折，又懷疑一切，在欲望中跌打滾爬，夾纏不清，能不煩惱嗎？扔掉貪嗔癡慢疑，守一顆簡單的心去生活，不給煩惱留靠山。

世界還是那個世界，生活還是這般生活，明瞭生活裡的煩惱不是生活本身而在於你對待煩惱的態度，才能從煩惱中走出來。同樣的外在環境，接收到煩惱還是快樂取決於我們內心的取捨。

如果人生注定要充滿煩惱，那麼就讓我們學會與煩惱和睦相處。笑對煩惱，不迴避，不動氣，以一顆平常心去面對；縱然紛擾紛至沓來，我心仍可清淨無染。

煩惱去哪兒了？煩惱在心外，事來無所受，青天過浮雲。

延參法師智慧語錄

不要輕視散亂的念頭，有時候它能改變一個人的命運，也不要忽略平時的簡單，努力的方向明確，所剩的就是經歷和努力的經過。

生活是一場磨礪，不是一場猜測。自古天意總難測，一猜即錯。

感謝生活的百味不過就是從日出到日落，想得多是一場複雜，想得少是一場失落，清風向前吹，人間送輪迴。

用慈悲改變人生和命運，本來就是一件很快樂的事情。今世如何，來世又如何。

命運啊，讓我說你什麼好

命運就像無法停止一直滾滾向前的車輪，指引我們的只有對答案的渴望。若渴望的心得不到滿足，幸福和快樂就會像水中月鏡中花一樣，看得見，捉不著。

人生沒有如果，命運也不是假設，但也不是什麼結果。誰都是赤裸裸地來到這個世界，最後化為一粒塵埃離開這個世界，帶不走半片雲彩。就連死亡也不是什麼最後的結果，任何結果都是生命過程中的一個暫時的狀態。今生是前生的延續，來生是今生的續延。生命只是一個過程、一種體驗、一種經歷。

在人生這場急急的追尋裡，似乎所有的事情我們都想要一個滿意的答案，都想要一個好的結果，卻不知這世間有些事，即使努力了，也不會有一個令人滿意的結果。因為世事難料，若沒有一顆知足的心，哪有如意的人和事？

命運掌握在自己手中，那麼命運的答案自然而然也是由自己去創造了，而至於創造出什麼樣的答案是和個人的資質、努力程度、選擇的方向、採用的方法、機遇等諸多因素相關的。人不能去依賴和等待命運，而是要掌握和努力改變命運，從而得到命運的一份答案。

命運就像無法停止一直滾滾向前的車輪，指引我們的只有對答案的渴望。若渴望的心得不到滿足，幸福和快樂就會像水中月鏡中花一樣，看得見，捉不著。

面對命運，需要勇氣和智慧，因為在更多的情況下，當我們面對命運的時候卻只有服從的姿態，而命運的答案也會旁落於他人之手，或湮滅於滾滾車輪蕩起的塵埃中。

在夢想與現實之間，在命運與自我之間，一直都有一團亂麻在糾纏。夢想與現實之間的落差與交錯，讓我們感慨世事的紛繁，然後放下夢想去成全現實的圓滿。而命運與自我的糾纏卻是一場沒有答案的無妄。

選擇是命運的一部分，而放棄也是命運的一部分。選擇的時候是否有什麼奢望？是否想得到什麼？放棄的時候是不是想到了失去什麼，或者有什麼失落？其實，任何的奢望都是一種煩惱和痛苦，任何無奈的放棄也都是在糾結裡存活。開朗一些，豁達一些，人生可以活得更灑脫，更幸福。

中國有句俗語叫「謀事在人，成事在天」，又或是「盡人事，聽天命」。面對命運時，我們所能做的只有盡最大的努力和盡最大的心力，而至於所得或者說命運的答案也只能交給這世間的雲和月了。或許命運殘酷得不近人情，但是在命運這趟洪流中，仍會有值得我們去追尋、去珍惜的東西，比如一切美好的事物、自然和無上的親情。

其實，從這人世間一路走過，命運是否有答案，或者命運的答案是什麼，已經不重要了。如果非要一個答案的話，那麼，答案就是自在人心。命運的答案就在路上。

延參法師智慧語錄

色即是空，空即是色。眼前的大千世界，生活的煩惱很多，不是活的方式不對，而是心裡的抱怨太多。

生活是一場豁達，沒有什麼煩惱可以讓人低頭，只有自己的心在糾纏。無緣休做無事客，放下胸懷看閒雲，活的是一分真，追逐那些假的做什麼？

放平一顆心，萬事如流水。生活中有些煩惱可能避免不了，走一走南北、走一走西東，寸有長處、尺有短處，風有陰晴原難測，常願牆倒有人扶。

人生本來就是苦樂交加。內心快樂時，也應該明白人生的真相；內心苦惱時，也不讓生活冷冰冰。生活是一場經歷，過多的討論沒有意義，唯一的方法就是自己變得堅強和豁達。

心的分別

改變浮躁最好的良藥就是坎坷，因為只有在痛中才會痛定思痛，然後才會把心收回來，像塵埃一樣漸漸沉寂，然後，心才會如鏡子一樣，照見自己最真實的樣子。

生命的旅程恰如一場場醒悟，也跨越著一個個里程，深深淺淺、坑坑窪窪，那些經過的得與失也都在心路裡化作那寂寥一笑。

經歷「烏台詩案」差點兒丟了性命的蘇軾，在被貶黃州後不久，寫了一首非常有名的《洗兒詩》：「人皆養子望聰明，我被聰明誤一生。唯願孩兒愚且魯，無災無難到公卿。」

蘇軾惱自己因為聰明惹了太多禍事，而他不知道，不僅在他當時那個年代，一直到現在，千百年來，不知有多少人仰望著他的才華，多少人豔羨著他的聰明。成為像他那樣聰明有才華的人是多少人寒窗苦讀終身奮鬥的目標，而他竟然惱自己的聰明。這世間，多少人恨自己不夠聰明，多少人盼自己聰明過人才華蓋世，就像後來明代的楊廉因為蘇軾的《洗兒詩》也寫過一首：「東坡但願生兒蠢，只為聰明自占多。愧我生平愚且魯，生兒哪怕過東坡。」

從古至今，幾乎可以說，每個人都有自己的目標，有長遠的，有近期的目標，有宏遠的，有簡單的目標，但是，無論是何種目標，只要你曾經達到過自己的目標，你會知道，人生很難說哪個目標是終極目標，因為無論哪個目標都給不了任何人永遠的幸福。就好像在人生的旅途上，終點永遠只能是生命的結束而不會是在半路。

或者說，目標只能是一段一段的，我們可以給自己設定一個目標，等到達自己的目標之後再設定一個新的目標，於是一個接一個，人生就在一個又一個的目標中前行，並尋找自己人生的意義。那麼，我們人生的快樂和幸福在哪裡？在遠方的目標裡，還是在一路的前行裡？那個預定的目標給自己的人生帶來的意義是什麼？假設自己是文學愛好者，假設自己也終有一天會成為像蘇軾一樣的大才子大文豪，在終極目標實現之後，人生又將何去何從？我們的大文豪不是也一樣曲曲折折高高低低，不是依然在追尋著自己人生的目標和意義？

如果把目標當作一種追逐，那麼人生無疑會是一番無休止的疲累；如果沒有目標，人生又注定是一場盲目。人生的目標有千百種，雖然說目標沒有好壞之分，但是，自己定的目標至少應該對得起自己的歲月，對得起自己的汗水，對得起自己的生命。無論是什麼樣的目標，背離了心的目標，無疑會讓自己離自己越來越遠。

在黃州，蘇軾在經歷和死神擦肩而過之後，也開始反省自己的人生，反省自己的缺點。於是，他說自己「被聰明誤一生」。聰明本無錯，錯在聰明的人容易自恃聰明，結果聰明反被聰明誤；追求才華橫溢也沒有錯，錯在恃才傲物目空一切。就像年輕時的蘇軾，曾寫過一副對聯「識遍天下字，讀盡人間書。」區區十個字寫盡一個少年的輕狂。不久後，因為不識一位老者隨手寫的字，蘇軾將對聯改為「發奮識遍天下字，立志讀盡人間書。」

可以說，蘇軾是一個真正的勇者，他敢於對自己做最真誠最深刻的反省，敢於剖析自己，敢於直面自己的缺點，於是，拋開那些別人仰望著的環繞自己的光環，找到自己內心最蒼白的弱點。他對自己跌宕的人生沒有感到委屈，沒有抱怨，更沒有仇恨。他把一直向外追逐的目光收回，回頭看自己，看自己的心，因為所有問題的根源的的確確就在自己的內心，而不在外界。也正是在這回頭看的目光之後，他以心做筆，以才為墨，終於寫下後來彪炳史冊的千古之作——唯有達到了生命的高度才能到達文學的巔峰，人生之目標從來與自己的心緊密相連。

一片塵埃，在攪動之後漫天飛揚，只有在寧靜中漸漸沉寂，最後才會塵埃落定。一顆浮躁的心，才會總是向外追逐，才會把自己的心總是放飛在遙不可及的地方。改變浮躁最好的良藥就是坎坷，因為只有在痛中才會痛定思痛，然後才會把心收回來，像塵埃一樣漸漸沉寂，然後，心才會如鏡子一樣，照見自己最真實的樣子。

如果連自己都不曾真正地認識，又如何能知道自己真正需要的是什麼？又如何能明瞭自己人生的目標？在心裡安放一個迷茫的目標，又如何能把人生走向明朗清亮？又如何能讓命運走向光明寬敞？不管是什麼樣的目標，背離了自己的心，就總是會讓自己跌跌撞撞，那些外在的光環能滿足心的虛榮卻不能走出命運的懵懂。

大千世界，萬物芸芸，人生目標萬千不一，說對說錯，皆是心的分別，但是，與心相悖，又免不了與命運相背，忽略了生命本身。漠視生命意義的人生目標，注定讓這樣的目標最後成為一場虛無。

捲起珠簾看人生，明明了然。目標不在高低，不是遠近，在當下的安住。

消除了心頭的差別，生活不過就是輕描淡寫，珍惜這所有，便是生活的本來面目。

可以說，生活是一場寬恕，誰的生死、誰的恩仇，學會放手，一場自在。生活的道路千萬條，會走的走、會跑的跑，也不必要問從哪裡來、往哪裡去，世間萬物本來欣欣向榮，狗走狗路、雞飛上樹，沒什麼奇怪（見怪不怪），感覺奇怪是自己心裡不自在。

人活一輩子，一場辛苦、一場幻象，不合適的心態肯定會生出無盡的煩惱；給心找一處安寧所在，必定活一場祥和。不是活的道理有問題，而是活的方式存在誤區。

每個人都是自己心態的主人，管他江南江北，越簡單越快樂，越放下越美好。

第二章　不忘本心

莫忘初衷，不忘本心，勿迷自性，自己的心，才是自己要修的佛。以一顆不變的內心，來應對這個光怪陸離的世界，過好自己的人生。

人生有約

人生這一場旅途，曾約好了一起走的那些熟悉的面孔，走著走著，終被紛繁的世事所羈絆，漸漸被遺忘于時光的光影裡，然後隨風一一消逝。最終，人生便成了一場孤旅。

人生這場漫長的等待裡似乎總是在等待一些有約卻未至的人，似乎總是會有一些諾言未能踐行。

人生這一路走走停停，走得急了，便稍稍停下來。閒暇時，端一杯粗茶，靜坐于人生的十字路口，看一看這世間的熙來攘往，聽一聽這世間紛至沓來而又匆匆離去的腳步聲，等一等那從這世間經過的周遭惆悵客，然後用一杯粗茶去慰藉他們或為生計奔波勞碌或為兒女牽腸掛肚的心，用一顆清涼平和的心去傾聽他們內心深處最真實的跳動或是一把辛酸淚。

人生有約，一盞燈燭下，兩邊心事客，三緘其口後，終抵不住這徐徐夜色，慢慢打開因塵事互相侵擾而封閉的心靈，說出內心最直接最真實的感受，讓心的遙遠不再遙遠，讓有限的經歷和經驗成為領悟人生的智慧。

人生有約，約一段又一段故事的悲歡離合，將其融化在心中，再從筆尖汩汩流出，然後一個個鮮活的人物躍然紙上，一段又一段長短不一、精彩紛呈的故事和傳說在四溢的墨香中代代相傳下去。

人生有約，約上三五好友，圍桌而坐，煮一壺直抵人心的清茶，話一夜桑麻軼事和英雄功過。如果有可能，再一起相約來一場說走就走的旅行。

人生這一場旅途，曾約好了一起走的那些熟悉的面孔，走著走著，終被紛繁的世事所羈絆，漸漸被遺忘于時光的光影裡，然後隨風一一消逝。最終，人生便成了一場孤旅。於是，在人生這段孤旅中，再起程時，與自己相約相伴的只有那晨起的霧靄、長路、悲喜。

人生有約，百年清歡。一場瞭望，月朗星淡。

不要在意生活給我們多少曲折，生活從來也沒有給你什麼承諾，用一種簡單來對待生活。自己吃到的葡萄，甜也罷，酸也罷，都是受用。

生活裡，更多的是磨練和曲折，不必要苦苦追問，答案本來就答非所問，自己的痛錐心徹骨，別人的不痛不癢，還是那句簡單的話，自己的腳走自己的路，自己的菜蘸自己的醬（因為自己的人生道路只能自己去琢磨，自己的風雨痛苦只有自己去擔當，再痛再難過，別人真的不能感同身受）。人生道理道不得，要悟不要說。

人生一回，花謝花開，如果說人生是一場漂泊，那麼覺悟就在路上，生活的炎涼，就是命運的真相。浮世變化幻如夢，心不醒時便是墳（在哪個地方不覺悟就死在哪裡）。

幸福

不要把生活活得那麼複雜，天冷多穿棉，雨天要打傘，自己的煩惱放在哪裡都心疼。聽菩薩一句話，不是自己的肉就不要牽掛吧。活自己的生活，累那麼多的閒心做什麼？

幸福是什麼？幸福可以理解為是一種思考與感覺，不論往事經歷多少，不妨放懷一笑。幸福是一份厚重，幸福是一種境界，幸福更是一種活到老的積極。

生活裡最失敗的是，把生活過成了一場看不到陽光的悲觀。生活本來就是一道無法計算的題目，你越在乎別人的挑剔，你的生活就會變得愈灰暗無比。不要板著臉去面對生活，生活給予你的挫折與考驗，需要的是一種自我的突破。活出自我偏執的藩籬，生活就會變得簡單快樂。相信一句話，幸福永遠不會和悲觀同行。從糾結裡活出來，對面就是幸福。

生活裡最幸福的是，理解生活會面臨什麼。生活的意義就在於去感悟生活、理解生活。明白自己存在的諸多不足，也就能包容別人的缺憾和失誤；能理解生活，也就能受得起風雨。不要再去抱怨生活如何刁難，也不要再去嗔恨人生如何坎坷。吃得苦中苦，方為人上人。時間久了自然苦盡甘來，而這份難能可貴的甘甜，只有能理解生活才能享受生活賜予的這份厚重。

生活裡最美好的是，不計較生活的惡搞與調皮。其實，仔細想想看，煩惱算什麼東西，浮雲而已。當你不去計較生活的曲折，輕鬆、愉快地面對生活裡所有的嘰嘰喳喳，還有那些小煩惱，那麼在平靜中來敲門的只會是幸福。

生活裡最輕鬆的是主動面對生活。讓努力去化解生活所有的困難，讓學習去填補生活所有的無聊空隙，讓樂觀去迎接生活所有的試探與考驗，讓理智去面對生活所有的偏見和偏執，讓勤快去收拾即將面臨的困頓，讓踏實去鋪墊好人生路上的每一步。

幸福不是我們主觀認為的享受，幸福也不是非要達到什麼目的，而是有自信有目標一步步前進，承受一重又一重的壓力，走過一回又一回的磨難，在希望和憂慮中交錯，在沉浮禍福中淡然，把所有的憂慮看輕，把所有的積極堅持。

幸福只是一種面對生活的態度。樂觀、豁達、包容、勤奮，這就是希望，這就是幸福。人生總向前，素心自持，貧達泰然，歲月更多好消息，只在心地悠然間。

延參法師智慧語錄

人活一回，活了個萬千折磨，活了一場忐忑，活來活去，總想活出生命那份內在，空空兩手，只活了一回書中的道理，半點快樂總無緣，一聲歎息。每個人都信心滿滿地活著，每個人都經歷著榮辱沉浮的捶打，活到頭，不過一回撒手，從未得到什麼，也從未失去什麼。

不要把生活活得那麼複雜，天冷多穿棉，雨天要打傘，自己的煩惱放在哪裡都心疼（你有就心疼）。聽菩薩一句話，不是自己的肉就不要牽掛吧。活自己的生活，累那麼多的閒心做什麼？

生活就是換個角度，忽略那些煩惱，開心是一天，糾結是一天，何不放過這一天？

笑看人生

人生是一場悲欣交集，但是需要你在意的並不是煩惱何時會來，也不用執著煩惱的結局是什麼，你只需要給自己選擇一個好心態，珍惜這生活的模樣，不管是美還是醜。

人生這一回，所有的枝枝椏椏，理解了也就是一場歷練。每個人都希望生活美好，但結果可能把生活過成了處處是累與傷。其實，生活的美好並不在於得到或者失去什麼，活一回內心的平靜不喘，把那些曾經的傷痛能埋多深就埋多深，自己淡定自若的模樣才是命運真正的期待。

累腿累心的這一場歷練，更是一場悲歡交集，甚至有時候會讓我們非常狼狽。但你有所不知的是，當你狼狽落魄的同時，正是你曾經渴望跌宕起伏精彩人生的冰山一角，只不過被眼前的困難和煩惱迷惑了雙眼，才掉進了生活早已挖好的陷阱，於是苦苦掙扎卻沒有出路。

當你醒悟過來就會發現，一切的一切不過是一場鬧劇，終究會有謝幕的一天，你要做的，就是淡然處之，做自己生活的主人，不做煩惱的配角。

人生是一場悲欣交集，但是需要你在意的並不是煩惱何時會來，也不用執著煩惱的結局是什麼，你只需要給自己選擇一個好心態，珍惜這生活的模樣，不管是醜還是美；經歷這浮世曲折，不管是順還是不順。漫漫人生路，不要把生活過成一場辜負，更不要把生活過成一場傷害，似蜻蜓點水般過一回煙火人間。來，不生煩惱；去，不留痕跡。這才是真實的生活。

人生，就是在路上；人生，就是經歷過。不管你怎樣的不捨，怎樣的流連，該來的自然會來，該去的依然會去，沒有人能代替你憂，也沒有人能代替你痛。可以感慨，但不要悲哀，需要自己承擔的，一定不軟弱、不平庸，寬闊幾分心地，這才是生活的解脫。

人生，就是這麼湊巧的一生，不會太圓滿。只有笑看人生，才能海闊天空。月滿則虧，水滿則溢，無論何時，做平凡的自己，艱難裡獨行，就算今生愁苦多，依然故我瀟脫。

來，欣然；去，坦然。

延參法師智慧語錄

生活的智慧原本很簡單，當提起的時候提起，當放下的時候放下。世間的道理大多都懂，走在生活裡卻是一場辛苦一場複雜，真正的智慧需要實踐才能實用。

坦然走過每一個心頭的起落，選自己最好的心情生活著，追逐那份生活的真實，放開那份命運的虛幻，好一句「富貴猶如三更夢，榮華好比九月霜。」一切假不假，世間富貴都還在，只是換了富貴人。

生活的道理，你聽我說，我聽你說，不管誰說，人來世界，就是個路過，房子萬間又如何？不過是旅行中的一個窩，你在，窩在，但是窩在，你不一定在。

一定要輕鬆幽默地對待這些煩惱。哪個人後無人說，一笑了之。

人生白頭總突然

人生這場蓬勃生動的生涯裡，它無關野心、無關風月、無關功名，也無關遺憾，與它相關的只有心底那方寧靜、淡然和清涼。

歲月如鏡，幾經翻轉之間便幻化出了歲月的一卷卷詩書、一幅幅畫卷。有一幅蒼涼蕭瑟，就有一幅浮華掠影；有一幅風清月白，就有一幅長河逐日；有一幅青絲婉轉，就有一幅暮雪千山。歲月的翻轉，就如同人心的聚散；人心的聚散，就如同故事的輾轉。

歲月這場匆忙的經過裡，太多的時候，有太多的人來不及看韶華易逝，也來不及看沿途的景致，甚至來不及捫心自問下自己是否喜歡目前的生活，就難抵一路的風霜薄露，不知不覺間白了頭，步履開始變得蹣跚。

歲月于人生，不過是一截浮錦；人生於歲月，也不過是一段流水情意。人生與歲月這場糾纏裡，有些東西是相互間流轉的，然後生生不息、源源不斷，無始無終。有些東西始終純真如初，有些東西卻迅速蒼老。

人生這場蓬勃生動的生涯裡，它無關野心、無關風月、無關功名，也無關遺憾，與它相關的只有心底那方寧靜、淡然和清涼。

朝為青絲暮成雪，一朝一夕皆關情。

莫等閒，空悲切，白了少年頭。在正青春的時候，飛揚一些、灑脫一些，甚至是個性一些；在少壯時，積極一些、厚重一些，再周全一些；在知天命時，放開一些、自在一些，再簡單一些。

在這人世間行走，我們不知道會遇見誰、會遭遇何事，也不知道人為何會一夜白頭，也不知道會為何事染一夜秋霜，只是走得急了，就稍微慢下來些，捨去浮世，明月清風，閒敲棋子看落花。

人生就像窗前的一盞孤燈，風來時忽然暗去，風去了又閃亮起來，明滅之間便回現了人生的沉浮起落。一直希望人生是一場無辜，可人生卻是一場無妄的糾纏；一直希望人生是一場依靠，可人生卻是一場孤立無援的尋找；一直希望人生是一場饋贈，可人生卻是一場救贖。

春來風兼雨，卻是報白頭。人生自古難測，萬物無心隨緣，總不辜負這突然的白頭。

延參法師智慧語錄

人活一回，誰都不是歲月的花瓶。每個人的內心都有智慧的寶藏，無窮無盡，面對命運的壓力和歲月的磨難，過程可能有些辛苦，但是記住一句話：人活一回就是人生最美的美好。

每個人來到這個世界，都是與智慧同在，你的心就是你的世界，一場勞碌一場辛苦，卻去千里之外尋找佛法，浪費了時間。

生命的煩惱，不是生命拿我們開玩笑，而是我們自己該放下的時候反而提起，該提起的時候反而放下；或者說是該放下的時候不放下，該提起的時候不提起。

抬頭又是年

從古至今，歲月只和無常結伴而行。無常，讓我們知道了痛苦不會永恆，所以可以滿懷信心；無常，讓我們知道了快樂不會永恆，所以知道了珍惜。

無論情願還是不情願，無論富貴還是平凡，每個人在歲月裡都只能邁著永遠向前的步伐，走過兒時、走過青春、走過中年，乃至最後，把結局走過。也就在這一路向前中，人生曾經神祕的面紗也在時光的流逝中漸漸褪去。

小時候，我們好奇自己二十的樣子；二十時，我們憧憬三十的日子；三十時，我們嚮往人生的而立……一天天、一年年，不知不覺，就走到了大部分歲月不再是踮起腳尖遙望而是回頭唏噓的年紀。

曾經為某件事痛苦不已，而今看來卻不值一提；曾經感覺如晴天霹靂，最後依然雲淡風輕；曾經的刻骨銘心，結局一樣還是隨流水而逝。多少對未來的想像、對生活的想像，最後幾乎都不是後來的現實。

如果，現在依然年輕，依然容易著急，不妨學著勸慰自己：十年二十年後，這些都不過是小事，都不值得為此動氣。而事實上，很多事情，用不著十年二十年，因為關鍵不是時間，是心念。

在歲月的流逝中，是故事變了，還是自己變了？驀然回首，是自己在光陰的故事中長大了。幸好光陰，不是空白的時間，光陰裡有許許多多的故事，也許難以忘懷，也許平淡如水，也許在某段痛苦的故事裡盼著結局，也許在某段迷茫的故事裡懷疑未來，也許在某段歡愉的故事裡希望時光就此停止。所有的故事連接在一起就組成了每個人獨一無二的人生。

不同的故事，不同的心情；不同的故事，不同的領悟。而每個人，就在這些不同的故事裡、不同的感悟裡，漸漸長大。

在痛苦時，也許我們會想：這痛苦會不會結束？這痛苦何時才是盡頭？在快樂裡，我們會希望這快樂能延續到永遠。而事實上，許多快樂和痛苦走向結束都比預期的要快，甚至更多地、更快地走向了遺忘。你現在討厭的人，未必是十年前討厭的那個人；你五歲時的玩伴，未必是十年後整天相處的人。甚至，仔細想來，五歲、十五歲、二十五歲時常在一起的人，不僅不是同一人，舊時的朋友要努力才會想起名字，過去憤怒或是高興的事情也要認真想想才想得起來始末，甚至壓根兒已成模糊的一片舊事。原來，在歲月奔湧向前的河流裡，人和事都跟著在流淌，一浪又一浪，前浪總是被後浪捲進了遺忘。

不用擔心痛苦了無歸期，也不用幻想快樂永恆不變，從古至今，歲月只和無常結伴而行。無常，讓我們知道了痛苦不會永恆，所以可以滿懷信心；無常，讓我們知道了快樂不會永恆，所以知道了珍惜。因為無常，因為流逝，所以我們知道了煩惱更是掠過的一陣風、飄過的一片雲，放不開的、離不開的都是自己糾結的心。

這世界，時間不會等你，幸福不會等你，人不會等你，事不會等你。一切都會好，一切也都會壞；一切都在開始，一切又都在走向結束。但是，好壞就像天亮與天黑，循環往復間，重要的是心的寬窄。心窄，天黑了不容易亮；心寬，天黑了一定會明。

人生，既然錯過，已然錯過，縱然留下許多的落寞，抬眼望，未來的將來，那不就是希望？就像一抬頭，看，又是年。但是，要記得，無論如何，先好好善待自己，這樣才看得到未來，才看得到希望。

延參法師智慧語錄

人生有多少煩惱，那麼就有多少針對煩惱的思考。如何面對？如何處理這些糾纏？

人生一回，經歷著苦難的考驗，思索著曾經的自我，一個能承擔自己生命責任的人，首先要有捨我其誰的勇氣和信念。

人生應該是一場安寧，人生也應該是一場幸福，青青楊柳，流水高山，哪裡都是吉祥，多少恩仇不過是消弭的泡沫，多少煩惱不過就是生命中的灰塵，何苦糾纏，甚至抵死相爭？

人生許多事點到為止，給誤會一點點時間，轉身就是另一番風光，不必要為了迎合他人而喪失自我。

學會站在煩惱裡看希望，憂傷是一種消極的態度，要及時感覺、及時克服。

智慧是生，煩惱是死，學會珍惜人生的每一刻，用心品味生活的美好。

為好心情點讚

無論走在如何泥濘的道路，無論是怎樣的人生低谷，你的信心就是你的力量，你的從容就是你的風度。心中若無恐懼，人生之沉浮，的確不過是雲煙之起起落落。

人們總是抱怨自己的生活，簡單而無聊，空虛且寂寞，乏味還無奈。但是，細細思量，是這平凡如水的日子改變了我們，還是心浮氣躁的我們改變了生活的味道。日子是自己過的，路是自己走的，生活是靠自己經營的。你怎麼對待生活，生活就怎麼對待你，自己心裡總把自己的生活想得那麼蒼白，那你注定擁有的是一個蒼白的日子。如果自己心裡滿是希望與陽光，那生活又有何理由讓你暗無天日無聊寂寞呢？

自己以前看什麼都是問題，其實錯了，原來真正有問題的是自己的眼、自己的心，是自己對待生活的態度有問題，換個心態，也許一切都換了。美好生活其實並不遙遠，只需要自己帶著一份好心情去迎接每天的曙光。

擁有好心情，需要學會擔待。不是遇到的每個人都會十分仔細地呵護你，所以，你免不了聽到自己不愛聽的話，免不了受些指責甚至受到誤解。無論是他人故意的還是無心的，別讓外界的言語牽著自己的鼻子走。好話，你就當是林子裡婉轉的鳥鳴；壞話，你就當是雨打芭蕉淅淅瀝瀝。你不需要因此去和誰結怨，因為你若放過，誰還能記住？好言或惡語，不過就兩個字：擔待。

擁有好心情，需要學會堅強。天會下雨花會謝，我們從很小就知道這個道理了，不是嗎？那麼，生活中遇到挫折，也早應該在我們的意料之中。如果心靈脆弱得連一片烏雲都承載不起，那這樣的心又如何能承得住比烏雲重得多的幸福？人生之路是一段平坦一段崎嶇，平坦處微笑，崎嶇處更需要微笑，因為此時的微笑才真正有力量，也唯有帶著一份微笑的好心情去走，才能把這段崎嶇走出一番別有的風味。

擁有好心情，需要學會知足。大千世界，五彩繽紛，新鮮事物層出不窮，不要讓自己的心追逐著那些可能永遠都不會屬於自己的東西。浪跡到天涯。心流浪，幸福就迷失了。人生要踏踏實實地走好自己的路，切忌比較，切忌奢望，因為每個人都會擁有自己的幸福，但是，一但比較，滿眼就只有別人的美好，自己卻一無是處。幸福不在遠方，一定就在自己的身邊，多看自己擁有的，你珍惜它，它才屬於你。

擁有好心情，需要從容。有句話說，行到水窮處，坐看雲起時。人生若真走到窮途末路，又有幾人能從容而坐，笑看雲起雲落？而事實上，生活不會有窮途末路，只有心情會窮途末路。所以，無論走在如何泥濘的道路，無論是怎樣的人生低谷，你的信心就是你的力量，你的從容就是你的風度。心中若無恐懼，人生之沉浮，的確不過是雲煙之起起落落。

生活中，七彩俱觸，五味皆嘗。人生是一門深刻的藝術，讀懂人生是對生命最好的詮釋。帶著一份好心情，去走自己的人生路，在好心情的眼裡，一路都是風景，哪怕曲折，哪怕荊棘。如果你的旅途中有別人沒有經歷過的坎坷和沒有體會過的痛苦，最後卻成為你生命裡讓別人凝望的風景。

延參法師智慧語錄

你的心情就是你的世界，你的世界就是你的生死活路，給自己一條生活的忠告：面對煩惱，不言不語。「廬山煙雨浙江潮，未到千般恨不消。及至歸來無一事，廬山煙雨浙江潮。」放下對煩惱的執著，還生命無限風光。

生活的煩惱就是擺脫不了自己內心的執著。如果你自己不撿煩惱，別人也不會引導你跟隨煩惱奔跑。

安靜地觀察生活，冷靜地對待命運，生命就是從煩惱中超越，生命的起起落落也給命運磨練了許多智慧。活自己的簡單人生，響鼓不用重槌敲，不要等待更多的煩惱來臨，到那時，生活成了一團糟。

用一種正確的人生觀來對待生活的顛簸和曲折，如果能克服那些多愁善感，或者是消極悲觀。培養自己快樂的習慣，因為心情不錯，一切都將不錯。

對明天說

相信歲月的可愛，所以無須計較；相信自己不會放棄，所以生活總是充滿溫度。用心中的樂觀，用真摯的樸素，用腳下的路，來實現一場生命的遠行。

需要對遠去的去年、前年說聲感謝，那麼總免不了對來年有許多的期待和願望，心頭固守那份對生活的感恩、感激和感謝。走過那些從來就平凡的日子，一路向前。

人生路上一路穿梭，心中總是存在希望，這希望是悲觀中的樂觀、懦弱中的堅強、狹隘中的豁達。把昨天所有的不愉快忘記，把今天所有的時光留給堅強，也對明天的自己說充滿希望。

充滿希望的生活應該是灑脫、豐富、從容、精彩、隨和。我們走過的每一個歲月，都是生命給我們的一份考驗，傷心了但絕不倒下，徘徊了但絕不退縮，自謙但絕不自卑，自信但絕不自滿。當歲月連成片就匯成了歷史長河中的璀璨星光，而生命中的每一次閃耀，都是在千錘百煉後的浴火重生。

告別煩惱總是需要幾分魄力和風度，經歷的那些起起落落和坎坷。有人曾經認為是生活的苦難，然而總有一天，你會明白，這是命運對我們的成全。能原諒的就放過，能放下的就釋然，能堅持的就樂觀。

對明天說，生命需要安之若素，無論怎樣，我都願意用自己的雙腳丈量出時光的線條。相信歲月的可愛，所以無須計較；相信自己不會放棄，所以生活總是充滿溫度。用心中的樂觀，用真摯的樸素，用腳下的路，來實現一場生命的遠行。

歲月何所有？匆匆路上行，帶著生活的從容，一路向前，一路陽光，行雲流水，淡泊簡潔。

不要埋怨命運的缺失，假如機會不多，自己去創造也是個方法，這就是全世界人尋找的幸福密碼。

生活中遇到這樣那樣的問題，起起落落沉沉浮浮，也難免會對命運產生許多疑惑。有時候自己認為被煩惱緊緊地壓迫其實就是自己對煩惱窮追不捨。如果說慈悲心就是一種平常心，那麼不妨回頭看看人間，也是一種覺悟。

人生中面臨許多追求和選擇，卻往往產生許多困惑，有首古詩說得好：「橫看成嶺側成峰，遠近高低各不同。不識廬山真面目，只緣身在此山中。」生活的態度，多一些輕鬆，多一些幽默，也就多了一些生活的面對方式。

生活讓我們體味了過多的酸甜苦辣，面對了許多無法改變的事情，放下也是苦，計較也是苦，讓人不知所以，回頭思索，卻能品出另一番生活的味道。原來，自己的生活是由自己決定，不論苦惱或快樂都得要過，為什麼不選擇在快樂中度過？

原來你也在這裡

歷經歲月的更迭，有一天，我們一定會明白，一些人、一些事、一些回憶會從我們身邊悄然離去，留下的只有一些不可追溯的隻言片語，在風塵中伴隨一絲無奈和歎息。

不知道已經過去了多久，似乎已經忘記了對自己的觀察和批評，而我們對待別人時卻毫不吝嗇直接的語言，對自己和對別人已經完全是兩個標準。這似乎已經成了我們的通病。我們在自我的中心裡，很難看到真實的自己；我們眼中的世界，總是在偏見和偏執當中變得不那麼可愛。

生活中有許多擦肩而過的故事，在一場場相遇當中，以摩擦而產生的矛盾不計其數，很多時候都陷入公說公有理、婆說婆有理的糾纏當中。一定要記得提醒自己，人生中的每一場遇見都是一場善緣，錯過就是永遠，只是每個人出現的方式不一樣。命運給我們打招呼的形式不會全部按照我們喜歡的樣子，如果我們稍微不注意，緣分就像調皮的孩子一樣成為我們生活中的煩惱。

歷經歲月的更迭，有一天，我們一定會明白，一些人、一些事、一些回憶會從我們身邊悄然離去，留下的只有一些不可追溯的隻言片語，在風塵中伴隨一絲無奈和歎息。看吧，一場緣分就這樣去了。如果我們更加理性和客觀，就會發現已經過去的故事當中一直圍繞著「自我」二字，原來許多的誤解和傷害都跟它息息相關。

遇見最美的世界一定是從豁達和理解開始的，生活中遇到的所有煩惱，答案都在內心的平坦，一樣的人事還會遇到，一樣的心情還會生起。如果意識不到自己的問題，那麼，同樣的愁眉苦臉和號啕大哭還會繼續上演。寬恕那些值得的人，忘記那些不值得的人，讓那些所有的值得和不值得都在心頭化解。

遇見最美的自己一定是從敞開心扉開始的，因為意識到自己的不完美就會更多幾分客觀和清醒，看自己如此，看別人也是如此。人生需要一種退一步的溫和，讓內心的世界不要停滯在偏見中，提醒自己，人生的覺悟都是在路上，人生的幸福也是在路上，那麼就更加不爭和不悔，這也是對緣分的一場悲憫。

人生沉浮幾許，歲月總是無語，我看青山總是念念生滅，青山看我卻付流雲淡煙，無論是哭過還是笑過、痛過還是累過，不過都是生活。生活一如既往地生活著，它的意義在於讓我們的心更加寬闊。從我們的心中生起的每一分溫和都是對命運最好的態度，因為我們曾經在緣分面前跌倒過，所以我們要更加珍惜，下一個擦肩而過的、能看見的都不是陌生人，這就是朋友的意義。

溫暖每一個平凡的日子，因為心裡懂得。這就是生活。

延參法師智慧語錄

生活裡有一種心態叫放下。不去苛求，放下那些無謂的負擔和煩惱，你會發現生活裡反而有許多的事情等著你去實現。

生活裡要認清煩惱，許多煩惱點到為止，你忘不了煩惱，煩惱就忘不了你，這不是命運的糾纏，而是命運的悲慘。

幸福不是尋找，幸福也不是曾經，幸福的名字叫簡單。

走過生活，我們的確要具備一點信心、樂觀、勇氣和積極，準備得越充分，生活的過程就越順利。如果用一些負面情緒來面對生活，讓一些生活的瑣碎來影響生活，人生路上，你必定會氣喘吁吁，耗力費心。

春天的邀請

如果用一種簡單的理念來解釋命運，命運是一種豪邁，命運是一種放開。不要在意命運當中會遇到什麼，生活就是無數目標的串聯，空蕩蕩的心，容量最大。

歲月是條長路，你走過、他走過、我走過，歷史上的人走過，未來人也將走過。人生一回，說它長久也是妄言，說它短暫也是敷衍，這長不長短不短的歲月，需要的是一份思索、一份沉默，既然所有的索取都要歸還，那麼不如做一個旁觀者，該來的迎接來，該去的放手去。

命運不是個包袱，既然已經上路，就不要怕生活的沉重。學會輕裝上陣是一種智慧，扔掉那些過去的好與壞，只帶上一個快樂的理由。路還在，需你經歷的只是一場從容。

誰的生活都會走過順利和挫折、煩惱和愉快，不念舊惡，不計新怨，不要讓那些不足掛齒的小煩惱構成大災難，有胸懷、有擔當，命運往往是以其人之道還治其人之身，所以說，人生是一場放過。

每個人都在歲月的顛簸中向前活著，你茫然失措也罷，沉著應對也罷，活在今天，活過今天。不必要擔心這擔心那，憂慮不能改變任何，深呼吸，告訴自己，不必躲避。人活一輩子，一場辛苦、一場幻象，不合適的心態肯定會生出無盡的煩惱，給心找一處安寧所在必定可以生活得一場祥和。

要學會尋找快樂，也要發現快樂所在，寬容、理智、忍讓，態度改變著性格，性格改變著命運。在逆境中忍耐，在順境中感恩，遠離那些沒有結局的憤怒。一定要提醒自己，煩惱的來處很多是在一些小事上。

煩惱來時，肯定有個主體，但是一定要智慧，讓煩惱傷害不到任何人，傷害不到某個主體，包括自己。拿別人的缺點和錯誤來懲罰自己，這是生活的悲慘。所以，一定要有智慧，不要讓煩惱有個傷害的主體。不傷害別人，也不傷害自己。

對別人的過失幾分饒恕，對別人的誤解幾分沉默。人心窄處，沒有未來。歲月不欠我們什麼，恰恰是我們欠歲月幾分擔待、幾分寬懷。生活就是一場輕鬆，生活就是一場自在，消除了心頭的差別，生活不過就是輕描淡寫，珍惜著所有便是生活的本來面目。

人生是一場思索，有苦澀、有曲折，唯獨不能與命運有過節。得到的放手，失望中希望，經歷一番苦與樂，自古悲欣終難定，心若不寬，何必問路？痛苦著，快樂著，就是活過。

如果用一種簡單的理念來解釋命運，命運是一種豪邁，命運是一種放開。不要在意命運當中會遇到什麼，生活就是無數目標的串聯，空蕩蕩的心，容量最大。你在人間索取了什麼，那麼你就注定失去什麼，不得不失是命運的最高意義。

曾經經歷的點點滴滴，歡笑與淚水、苦澀與甜蜜，都將過去。那些美好與哀傷就輕輕地放在身後，與明天來個約定，用微笑和堅強面對以後所有的日子。

時光沒有終結，歲月還在繼續，既然我們還將繼續在人生的旅途中行走，那麼，給自己一份對未來的堅持，堅持對生活的熱情，堅持對生命的信心。不管未來有多麼遙遠，不管未來如何，去原諒、去信任、去希望、去忍耐，這就是生活。

當面臨每一回煩惱，不妨告訴自己一句箴言，讓煩惱去另一個去處，或者是一句一切都會過去。

不必要苛求生活的完美，更不必要抱怨命運的缺失，所有的條件都和快樂沒有任何的關係，快樂只是一種命運的堅強，遠離憂慮、遠離抱怨、遠離欲望，快樂就成了一種家常便飯。

你快樂不快樂不必要問別人，不必要給快樂加更多的解釋，本來人間煩惱無休無止，你選擇了快樂，那麼你就經歷快樂。

命運是一種坦然，既然不相信眼淚，那我們就對命運微笑，呆呆地笑，傻傻地笑，靜靜地笑。

第三章　人生就是一場修行

人生就是一場修行，給你磨礪，讓你變的堅強；給你離別，才會感知聚的喜悅；經歷失去，讓你懂得擁有時珍惜；經歷失意，讓你學會從容的選擇。一路走過，一路安然，一路喜樂，一路菩提花香。

和幸福一起

唯有經歷痛苦，唯有在痛苦中思索，才能學會從痛苦中解脫，也唯有你學會了從痛苦中解脫，你才算是沒有白白受苦。

茫茫大地，悠悠高低。這世間最能承載的不外乎大地，包羅了故事，化解了怨恨，消亡了失落，奉獻了生機。世間功德最大者為大地，千百年來，它承載著、孕育著、延續著、希望著。人生要學會做自己的大地，承載這一生，包容這一切。

神秀大師說過「身是菩提樹，心如明鏡台。」對每個人而言，你自己就是自己的菩提樹，你自己就是你的大地，所以，要擔當。

生活中，難免聽到不中聽的話，學會「擔得住」那些讓你感覺受傷害的話語。一生中，兩耳中所聽到的所有話，如果有哪些話傷到你，原因是你沒有擔起這些「有分量」的話。在大地的懷抱裡，無論什麼都可以被轉化成養分，那麼，做自己的大地就要能包容一切，好的壞的、美的醜的，什麼都可以成為生命的滋養。如果鼓勵可以讓你長大，那麼打擊便可以讓你強大，強大到這世間再沒有什麼話能傷到你，也唯有此時，你能擔得起所有好話壞話時，你才會知道，博大並不是遙不可及的神話。

如果一個人，再不會因為哪句話而生氣，或是憤怒，甚至是痛苦，在這樣的境界裡，別人說出的每句話，都是舌尖上盛開的蓮花。這世間的言語，原來是因為擔當而失去傷害的力量。

如果，你痛苦過，那麼要明白，痛苦是為了讓你學會如何不痛苦。唯有經歷痛苦，唯有在痛苦中思索，才能學會從痛苦中解脫，也唯有你學會了從痛苦中解脫，你才算是沒有白白受苦。生命中所有經歷、所有痛苦，無不為了一個目的：你的覺醒、你的領悟，只為某一天，這世間再也沒有什麼可以令你痛苦。

做自己的大地，不僅僅是擔當讓自己痛苦的言語，更要擔當那些生活中的缺憾和困境，承載自己命運中的一切順逆悲喜，包容這人間的所有圓缺陰晴，寬恕別人所有的傷害懷疑。

最幸福的生活，未必是活在自己最希望的生活裡，心中無所懼、無所拒，亦無所求。生活給予何種，坦然面對，欣然接受，心無波瀾，所謂紛擾，有何相干？平靜、從容、柔和。

厚德載物，厚德載福。世間最厚者，莫過大地；生命最厚者，莫過心地；心地最厚者，莫過至寬、至簡、至善。

延參法師智慧語錄

生活裡痛苦不會永遠存在，也沒有什麼大不了的永遠，內心的灑脫足以改變命運，當然也改變了生活。生活需要一種陽光的心態，不如意的事情常常發生，本來就是歲月的一部分。腳步匆匆，人間奔走，不必在意，生活就是生命的另一種活潑。

人活一輩子，決定命運的是心地，決定心地的是心情，左右心情的是做人的那份尊嚴。人生最好的處事方法：快樂地看世界，快樂地看人生；為別人的擁有送些掌聲，為自己的失去來點寬心。

過去的就讓它過去，生活本來也無須完美，坦然面對這一切，雖然沒辦法超然物外，但是也不必格外在意，面對每一回的放棄，需要點勇氣，那麼不妨告訴自己，花謝花還開，該來的總會來。

如果給輪迴一個淺淺的定義，煩惱是苦海，熱情是重生，不要在意生活賦予了什麼，一定要在意自己面對生活的態度，一個熱情的心態就是你重生的開始。就像我們常說的一種空杯心態，時時刻刻都是新起點。

生活裡我們經常聽到一個詞，那就是感恩，它應該是一種積極向上的思考，更應該是一種熱情謙虛的行動、一種人生的責任和自立。天底下沒有完美的理所當然，卻應該有著我們自己對別人的一種感謝。

等風來

歲月是一場擔待。請擔待歲月的粗糙，擔待歲月不會一帆風順一視同仁地待所有人。歲月裡的人情冷暖是人們相知相惜的溫度；歲月裡的陣陣疼痛則是人們慢慢成熟的節奏。

從歲月中一路走來，回首望去，歲月的車轍曲折延伸至遠方。對於無始無終的時光中的生命而言，生不是開始，死亦不是結束。生命是從一場場的相遇中來到一場場的遺忘裡去。

走在歲月這條大道上，不管相逢什麼，遭遇什麼，都把它看成一場美好，都要去善待這場美好中出現的人和事，去包容這場美好中的月白和霜清，去珍惜這場美好裡的溫暖和良善，去感謝這場美好裡所有的信任和堅持。

站在歲月的路口，看歲月的洪流從身邊洶湧而過，將雙手攤開在眼前，能握住的卻只有一片虛空。所有的往事就像大漠裡疏狂的風煙一樣，瞬間漲起彌漫了長天，而後又颼地逃遁於無形。所有的前塵就如同山間明月相照下的涓流，細細地流淌，然後滲入歲月無盡無邊的褶皺裡，慢慢消無，慢慢消無。

歲月是一場擔待。請擔待歲月的粗糙，擔待歲月不會一帆風順一視同仁地待所有人。歲月裡的人情冷暖是人們相知相惜的溫度；歲月裡的陣陣疼痛則是人們慢慢成熟的節奏。歲月裡的急流勇退不僅需要勇氣，更是對情勢透徹分析後一種理智的選擇。歲月裡的落花流水是一種清醒自知，更是對自己優劣勢衡量後人生方向的正確把握。

雖然說歲月是一場匆忙，但我們也要在歲月的間隙中停下來，看看路途中盛開的閒花野草，看看天空的流雲逐嵐。雖說歲月是一場折磨，但我們也要在每一次被折磨之後，看著蝶變長大的自己，向歲月道聲感謝。

歲月無涯，歲月厚重，歲月亦無憑，太多的人和事物在歲月這場磨礪中不能持久。萬事萬物皆由緣而起，再因緣而滅。緣法的幻滅就如同歲月裡一次次的擦肩而過，又如同歲月裡一次次的萍水相逢。相遇是緣起，遺忘是緣滅，緣無善惡，心有好惡。

因為生命的真相是天下生命皆為一體，所以注定生命在天地間走這一遭不會孤零零。百年歲月，生命與生命的緣分何止百千上萬？哪怕未曾相逢，這又何嘗不是一種美麗的生命的緣分？乃至，即使相隔千百年，你在閱讀一本古籍，那許久許久光陰前的某個生命業已與己相遇，甚至相知。原來，緣之一字，千山難阻，萬水無隔，時空無礙。

山風飄搖，松林成濤，月明星稀，歲月如弛。緣分在哪裡？或許就在自己腳下。緣分在哪裡？或許就在歲月的路途中。緣分在哪裡？或許就在歲月的眼眸裡。在無限的歲月裡，生命會有無數的相遇，哪怕終將相忘，而生命，溫暖依然。故，珍之，惜之。

一朵青蓮悠然開，明月如侶自安排。忘憂處，等風來。

延參法師智慧語錄

誰也不是生活的弱者，每個人都必須經歷生活的折磨，假如你認為這種折磨是一種痛苦，那麼你是真正的錯誤。

每個人都是在歲月的顛簸中向前走著，你茫然失措也罷，沉著應對也罷，活在今天，活過今天，不必要擔心這個擔心那個，憂慮不能改變任何，深呼吸，告訴自己，不必躲避。

面對生活的紛紛擾擾，誤會或者誤解，一定要有一個豁達的態度，豁達地對自己、對別人。

生活裡最讓人頭疼的莫過於被人誤解，是竭力澄清，還是一笑而過，這的確需要一點智慧和勇氣。不管誤解什麼時候消除，一定要學會忍耐，給誤解一點緩衝，或者乾脆說被人誤解又何妨。

忘記的理由

人，不能活到自我迷失還要抱怨命運。走在這世上，隨他緣聚緣散，學會忘記；隨他惡緣善緣，學會善待珍惜，活一場自我心情的維護，隨緣不變，不變隨緣。

通往灑脫的彼岸，忘記是必經的橋。

生活裡，有些人是靠回憶活的。一聲聲歎氣漸漸連成一輩子的歎息，結疤的傷口在內心一次次揭開，每次揭開，都是新的傷害。在回憶裡，把生命過成四季如冬，這樣的日子拖一天就錯一天。有時候，苦與不苦只隔一堵牆，推倒回憶的牆，淚痕哪裡濕，心在哪裡醒。

也許許多人認為，歲月已經帶給命運太多的風霜卻沒有留出風乾記憶的空隙。故事向前，只是一幕幕轉換，看到的也只有人比黃花瘦、零落喚不回，悲哀只在於伊人不能看穿。有時候，累與不累只隔了一扇門，推開淡忘的門，繁星滿天，新月一彎。

悠悠流年，有些人沖刷不掉曾經的怨恨。一套七傷拳打出去，傷敵人三分，害自己卻是七成。不肯直接埋掉傷害，任由它耿耿於懷，咬牙切齒的日子一路走來，碧雲猶作山頭恨，一片西飛一片東；怨毒牽腸連肺，冥冥中吞噬掉飄搖的命運。恨一個人，卻纏了最厚的繭子縛住自己。有時候，幸與不幸只隔了一層繭，咬開刻骨銘記的繭，化繭成蝶，命運原是一片晴天。

很多事情到了不得不忘記的時候，我們要學會笑著歸零。

過去種種，譬如過去死；今後種種，譬如今日生。苦難、痛苦、怨恨，情感貪戀、煩惱癡纏，有什麼不能忘懷？有什麼傷害抵得過天長地久？當一切都隨風而逝，何苦抱著縹緲的過往淚水漣漣？不要以為所有的傷痛都來自環境事關他人。一個人在意什麼就被什麼所困，因為太在意，就活在妄想執著裡。生命中所有的遇見和經過，能放下的是緣，放不下的終究砌成業障。人，不能活到自我迷失還要抱怨命運。走在這世上，隨他緣聚緣散，學會忘記；隨他惡緣善緣，學會善待珍惜，活一場自我心情的維護，隨緣不變，不變隨緣。

忘記，不需要理由；怎樣忘記卻是生活的藝術。一個懂得寬容的人才能做到發自內心的忘記。

生活的路上，有誰沒有受過歲月的傷？又有哪一個完全被苦難放過？正因為懂得傷痛的苦，所以更要有寬寬的肚量、大大的心胸，去饒恕別人，甚至是寬恕背叛。情感纏綿、恩仇糾纏皆由心生，哪有什麼不共戴天？只不過是你心頭的執著一念。放不下那些快意恩仇的執著，便是把自己鑄成傷人自傷的雙刃劍。多少英雄好漢怨女癡男，成又如何，敗又如何，風花雪月又如何？不過是古今多少事，都付後人笑談中。

幸福在對岸等待願意幸福的人。

懷揣忘記之心，不計較自己的得與失，不糾纏別人的是與非；

懷揣放過之心，諒解生活的不完美，包容生活中的不如意；

懷揣感恩之心，善待生命中的每一天和命運中路過的每一個人。

如果是對命運真摯地去感恩，忘記那些命運的負累還需要什麼理由呢？此情可待成追憶，只是當時已惘然。

匆匆忙忙的人間，誰和誰相逢、誰和誰別離，誰活了一場大夢、誰活了一場恍然大悟，簡單一些就是生命的態度。

每個人的生活裡都面臨一些無奈。生活就是一種實驗，能改變的就努力，不能改變的就沉默，命運本來就有很多出口，要學會等待。

有句古語說得好，君子坦蕩蕩。生活裡要懂得放下，要減輕負擔，放下並不是暫時休息一會兒，放下是對煩惱的徹底釋然。煩惱對我們的生活來說就是一個魚鉤。學會識別魚鉤是一種智慧。

生活當中，我們常常會陷入迷茫和困惑，甚至煩惱和痛苦。這取決於我們的心胸，把生活裡的雞毛蒜皮一一都計算，統統不放過，那帶給命運的災難可想而知。佛門有句話，無常，悲觀的人也許為快樂而擔憂，而樂觀的人永遠在困難裡慶幸。

我的歲月我的心

煩惱從來都是自找，只要對心缺乏清醒的關照，它便不時地把各種煩惱送進你的懷抱。所以，不要把煩惱的原因推給外界，只需清晰地看著自己的心，煩惱的來處和煩惱的去處都只與它有關。

有一天，元代大學者許衡和許多人一起外出。因為天氣炎熱，大家口渴難忍。正好路邊有一棵梨樹，大家便紛紛去摘梨，只有許衡不為所動。有人便問：「何不摘梨以解渴？」他回答：「不是自己的梨，豈能亂摘？」那人笑其迂腐：「世道這樣亂，管它是誰的梨。」許衡正色道：「梨雖無主，我心有主。」

有的時候念頭紛飛會干擾我們的情緒，情緒又影響了決定，決定區分了選擇，選擇卻界定了自己的命運，憂悲苦惱，連綿不絕。心靈需要一個看守，需要一個守候，需要一份清潔。神秀大師有兩句話可以借鑒：「時時勤拂拭，勿使惹塵埃。」一七尺之軀，三寸之心，人皆有之，心是主，身是臣，管得住心才能管得住身。世間萬境是對心的誘惑，也是對心的考驗，一念之差，足以把命運分成天上地下。

當我們對自己的心缺乏關照時，這顆心便總是漫無目的四處閒遛。它昨天飄在某個櫥窗裡的某件衣服上，今天飄到某個櫃檯裡的某款飾物上；或者時光都走過了好幾個春秋，心還在某個遙遠的過去躑躅。而它最給人惹麻煩的是，它有時停留在一句別人不中聽的言語裡，於是把快樂關在了門外；有時停留在好幾天前與人的摩擦裡，於是帶進家門的是悶悶不樂耿耿於懷；有時它和仇恨結成了伴侶，於是天氣一直重度陰霾。最悲哀的是，如果它深深地被某種東西吸引，它會把你帶到危險的懸崖邊。

更多的時候，你吃飯的時候，它回想著昨晚的電視劇情；你工作的時候，它盤算著下班吃什麼；你散步的時候，它計畫著假日如何過。總之，它片刻也不停，你稍不留神，它便與你貌合神離咫尺天涯。

煩惱從來都是自找，只要對心缺乏清醒的關照，它便不時地把各種煩惱送進你的懷抱。所以，不要把煩惱的原因推給外界，只需清晰地看著自己的心，煩惱的來處和煩惱的去處都只與它有關。別抱怨世事紛擾，也別埋怨命運顛倒，心若平坦，人間何處生波瀾？心若柔軟，天高風清雲淡。

人生是一場調伏心的過程，四季分冷暖，世態有炎涼，此心只可熱不可寒、可寬不可窄、可正不可歪、可淨不可染。看守好自己的心，不要讓它沾滿塵埃，不要讓它盲目徘徊。能做自己心的主人，你才是真正的你。

自古人生多磨礪，來到人間誰也討不到幾分便宜，哭幾回笑幾回，原本也不必太在意。既然來到人間走一遭，也就不必在意什麼是坎坷、什麼是辛苦，讓所有的煩惱都成為命運的轉機，放過就是生機。

善待自己，每個人的生活都是自己看待世界的角度。快樂其實離每個人都很近，幸福其實就是一種生活的積極和對自己的一份尊重。

生活裡誰都知道灑脫一些好，生活的糾纏如此多，心頭的負擔那麼重，灑脫就成了一種奢望。其實，灑脫就是一種簡單的轉身，它同時也是一種做人的品行，給生活一份灑脫也算沒有白活。

延參法師智慧語錄

這本來就是一個煩惱苦樂交織的世間，忙忙碌碌也解決不了用自我去糾纏的問題。不要認為快樂遠離了你，當每一次靜坐，心頭一樣是鳥語花香，這才恍然大悟。世界也並非是苦海一片，人間也並非塵囂萬丈，世間苦樂皆由心生，是心找錯了站腳的地方。物我兩忘，安心之處。

人生必須活在希望之中，所有的障礙皆因我執。人間路很多，唯一走不通的就是心窄。忙又如何？閒又如何？哪裡是成功，哪裡是失敗，本來都是心的糾纏。路的意義本來就是越走越寬。

一個好的心態是快樂生活的座標，不要去計較生活裡還缺少什麼，應該用一種積極的思想來考慮生活裡我已經擁有了什麼。用快樂的念頭代替煩惱，那將活得更快樂。

最美時光

走過冷暖的歲月，感知生命的厚重。生命如塵，時光如水，洗盡鉛華，輕度流年。靜觀花開花落，閒看潮起潮湧，讓心靈沉澱，享受命運的靜美。

汩汩的歲月，淘洗著世間的悲歡與塵埃。平靜裡隱隱的激揚，安然裡何嘗不是另一種跌宕？如許消磨，耿耿萬事，聚來散去，風霜荏苒。這就是時光。

來這人間，路途漫漫，思索著人生的所做所想。是非恩怨，都隨著時光慢慢地改變、慢慢地放下。生活在這大千世界，行走在這茫茫人海裡，多少對與錯、是與非誰又能說得清楚？萬家燈火裡，有著不同的故事，故事的悲歡離合、喜怒哀樂，它就像一首再平常不過的演繹。

都說只有嘗盡人生百味才不負這僅有的一次到來；都說人生下來就是為了受苦的，但對於每一個鮮活的生命，每個人的內心都有著無法制止的愉悅；都說繁華世間是一場癡迷，卻幾乎每個人總想一場沉思，以為等待一場姹紫嫣紅的花事是幸福，以為在陽光下和喜歡的人一起築夢是幸福，以為守著一段冷暖交織的光陰慢慢變老是幸福。

其實，幸福與任何人、任何事沒有點滴的關係。幸福是一種感知，幸福是一種心靈的超越，幸福是一種知足常樂的心理狀態。經歷所有繁複的過程都當作是一種簡單的回歸，把一切凡塵的成敗得失、榮辱沉浮，都當作是過往的煙雲。

人生中有逆境是必然現象，只有在逆境中磨礪，才能看清自己，看清世事。讀懂了淡定，讀懂了從容，讀懂了生命匆履的感動，就能在自己的旅途中邂逅一道又一道風景。

走過冷暖的歲月，感知生命的厚重。生命如塵，時光如水，洗盡鉛華，輕度流年。靜觀花開花落，閒看潮起潮湧，讓心靈沉澱，享受命運的靜美。

最美的時光不在過去，也不在將來，在當下的每一個念頭裡。

延參法師智慧語錄

生活本來就是悲喜交加、悲歡流轉。宋代歐陽修有一首詩「世好竟辛咸，古味殊淡泊」，既然人生少不了些許煩惱，何不淡然處之？那些糾纏在心頭的攪擾、牽累、幻覺，也都散去。

生活裡，誰都不可能避免煩惱和困難。如果被煩惱糾纏，那麼必定是生活的一種災難；如果不能積極面對困難，那麼又是一種煩惱生活的開始。如果換一種積極樂觀的態度去生活，那麼你想不到的幸運就會隨之而來。

生活裡自然免不了許多喧囂和外界的對比，把生活想像得那麼複雜，甚至是窒息，被生活的壓力壓得喘不過氣來，甚至是疲憊不堪。想一想，人生又何必？再複雜的世界也要簡單地去生活，當所有的一切都蒼白無力的時候，生活裡只剩下了一句話，人生快樂是因為簡單。

趁你還年輕

命運永遠與我們唇齒相依，不離不棄，趁你還年輕，不管是坎坷也好，踉蹌也罷，只要能勇敢地走下去，都是一種生命的經歷。

生年不滿百，常懷千歲憂。這是人生的通病，但年輕人原不應如此。年輕人的生活應該是積極的。積極的人生就是要我們用樂觀的心去面對，讓你時時保持樂觀心態的前提就是內心世界的堅定，這就需要你豐富自己。

你問：怎麼才能豐富自己呢？兩個字，讀書；三個字，多讀書；四個字，多讀好書。趁著還年輕，多讀書，沉澱自己；多遊歷，豐富自己；多學習，昇華自己。內心豐富的人才不會孤寂，經過時間的洗禮才能不辜負自己曾經璀璨的年輕。

永遠不要去埋怨生活有太多的事讓你焦慮，那只是因為你的經歷太少、閱歷太淺，才會對生活不滿意、對環境不滿意，消極地認為是環境制約了自己的發展。其實，當你見識越多、經歷越多，就越會對自己不滿意，懂得改變自己去適應環境，反而能做出一些事情來。

一個年輕人曾經來信說，自己大學畢業幾年，參加工作了，可是薪水不是很高，人生路走得很辛苦，有些累。其實，年輕人就像剛起飛的大雁，多麼讓人羨慕？就算掉根毛，都是值得讚美的。並且沒有人會向你保證人生路一定筆直寬闊，只有你心中沒有曲折，蔑視困難，它才沒有困難。暫時的薪水低不代表你的價值低，歲月賦予你的年輕就是讓你帶著那股衝勁努力。

命運永遠與我們唇齒相依，不離不棄，趁你還年輕，不管是坎坷也好，踉蹌也罷，只要能勇敢地走下去，都是一種生命的經歷。趁你還年輕，讓樂觀忠於你一生，樂觀的人生才能永遠年輕。

人生，即便有一天步入了中老年，也還可以驕傲地說：我還年輕。生活是一種心態，活著是一種心情，有一個好的心態，有一個永遠不老的心，你就會永遠年輕。

歲月走過，善意、簡潔、幽默、豁達。

生活裡有太多的偶然，也有許多的逆境，也有許多不盡如人意之處，故才有句俗話說天有不測風雲，要理性地看待人生百態，要有一顆包容的心。

是非的對立，情仇的糾纏，可以說和生活形影不離。日常生活中，多少惱人的事情時有發生，不管你是否願意還是理解，這些小小的傷害甚至可以重創每個人的心情和命運，那麼在此時，更應該用好包容的力量。

不要把生活過得那麼複雜，生活的精彩不是炫目的「炫」，而是簡單的「簡」。一顆平和心、一件平常事，做好自己的一個平凡人，在放下中快樂，不必要在迷惑中艱難。

人類有一種奇妙的功能，那就是遺忘；人類也有一種奇異的功能，那就是忽然想起。人們習慣於遺忘生活中的美好，卻又忽然想起那些已經遠去的痛苦，想要忘記卻是如此艱難。既然是匆匆過客，不管是遺忘還是想起，都需要仔細斟酌。

平安夜道平安

平安在樂觀裡。每個人的心裡，都存幾分信念，那就是樂觀。即使走在人生的低谷，依然還有抬頭的勇氣，還有不屈的雙腿，還有對未來堅定的信念。

一榮一枯一春秋，一悲一喜一笑談，又是一年平安夜。

這是一個祝福和寬恕的日子，這是一個忘記仇恨、忘記憂傷、忘記恩怨的日子，這是一個需要提醒自我豁達的日子。平安在無數人心中不只是命運存在的一種形式，更是一份沉甸甸的期望和溫暖，又何嘗不是一種自我心態的平衡秩序？

平安在哪裡？平安在忘記裡。懷揣著那麼多的情仇和痛苦，那些新的歲月帶來的新希望和幸福，你往哪裡放？給生活一雙慧眼，生活需要的不是挑剔、分別、冷漠、仇恨，而是認同、尊重、信任與溫和。

平安在哪裡？平安在知足裡。每個人都希望過自己希望的生活，甚至在思考，怎麼能滿意。看歲月炎涼，這生命本來就不是一場索取。一個幸福的心態，應該是克服種種奢求的障礙。生活不是一場奢求，那些奢望往往是給命運增加了另一種負擔。

平安在哪裡？平安在寬恕裡。一顆糾結的心、一顆仇恨的心，很難讓命運與平安結緣。仇恨不能療傷，唯有寬恕可以治癒傷害。寬恕是對他人生命的真正保護，更是對自己命運的呵護。人生怎麼活？活的是一種心境，不要去計較什麼人負我我負人。你的一份寬恕，能收穫整個世界，難道這不是最大的受用？在生命的旅程中，哪有什麼比這還重要？

平安在哪裡？平安在友善裡。生活更多的煩惱來自自我的一種強勢，一個快樂的心態應該是一種謙和柔軟，化解所有的對立，換位思考，別人也希望得到你的理解和尊重。理解換來理解，你給別人面子，得到的卻是命運的裡子。

平安在哪裡？平安在樂觀裡。每個人的心裡，都存幾分信念，那就是樂觀。即使走在人生的低谷，依然還有抬頭的勇氣，還有不屈的雙腿，還有對未來堅定的信念。在樂觀裡，有不畏艱辛的勇敢，有戰勝困難的堅強，有發現快樂的慧眼，更有帶來平安的風雨一笑。

平安在哪裡？平安在簡單裡。許多的矛盾來自誤解，許多的誤解來自複雜，即把別人的一個眼神複雜化，把別人的一句話複雜化，把自己的思想複雜化，把生活複雜化。心簡單，思維也簡單，簡單會給你帶來從容，從容帶給你平穩，平穩帶給你平安。

平安在哪裡？在心地的平坦裡，在心地的平靜裡，在心地的平和裡，在心地的平淡裡。心頭平安，人生平安。歲月平安，如是平安。

面對每天的生活，需要自己一點點勇氣，能面對的絕不推辭，縱然面對許多艱難辛苦，就算寸步難行，做人也不能懦弱。

我們曾經好奇地問自己：人活著的意義在哪裡？面對平平淡淡的生活，好似有一些手足無措，甚至有些消極，甚至有些過分，總感覺到波瀾不驚的生活缺少點什麼。學會做一個智慧的人，從處理好日常瑣碎的事情開始，小而大，大而遠。

有的人把成功往往誤會為收穫，或者是佔有，後來的結果是把曾經的精彩變成一個沉甸甸的包袱。這個多彩的世界，會讓貪婪者更貪婪，甚至焦頭爛額，甚至苦海無邊。生活應該是一次旅行，走得輕鬆，走得更遠，才是真正的人生。

如果把生活看成是一種追逐，那麼是對生活的一種誤讀。幸福的焦點不在於財富和地位。生活需要一些努力，需要拼命地向前跑，但是也需要休息，也需要往回跑。凡事不可強求，假如有一天體力不支，累死了，那是對生命的一種褻瀆。

飄雪的天空

學會保持一種清醒的正念，面對世間來來往往的煩惱浮雲，看清世間萬千外境的虛妄，放手生活裡對這些的執著，你會發現，人生看輕看淡多少，煩惱就離得多遠。

詩人筆下，千樹萬樹梨花開；才子眼中，漫天柳絮因風起。天空不空，飄雪的天空是風景。

獨特的風景，需要獨特的欣賞眼光。看自然風景，看一眼有一眼的珍惜；看世情風光，看一場有一場的思考；看自己胸中的丘壑，看一遍有一遍的修行。

老天陰晴雨雪，原本尋常。人活世上，誰不經歷寒寒暖暖？偏有人喜歡不斷地撿拾煩惱，結果只冷了自己的心腸，把日子過得淒淒慘慘戚戚。生活是一叢玫瑰，有人看到芒刺，就有人看到鮮花，關鍵要看我們以什麼樣的心境去看。還是人間的乍暖還寒，玫瑰不變心態變，換一個角度來感受，原來玫瑰不僅豔，還香。

煩惱縱是漫天雪，那雪來就任它來，雪化由它化，只要你不在意，頂多冷一冷，你得讓好心情及時融化它。過段時間你再看，山南山北雪晴了，千里萬里月明明。如果我們真正地善待生活，就把那飄雪般的煩惱當是歲月的流動風景；不把閒事掛心頭，從容自在，那雪後的青山綠水會更鬱鬱蔥蔥。心有佳山好水，人生才有好風光。

人心如天空。我們可以用欣賞的目光注視天上雨雪雲霞的無窮變化，但不被它們的虛幻所迷，為什麼不能以同樣的眼光去觀照自己的心，看苦樂悲歡的生滅聚散？學會保持一種清醒的正念，面對世間來來往往的煩惱浮雲，看清世間萬千外境的虛妄，放手生活裡對這些的執著，你會發現，人生看輕看淡多少，煩惱就離得多遠。

看天空這麼久，你心情好了沒有？

看世事這麼久，你心態壞了沒有？

看人生這麼久，你的心燈亮了沒有？

看自己這麼久，你，看清楚沒有？

要學會尋找快樂，也要學會發現快樂的所在，寬容、理智、忍讓，態度改變著性格，性格改變著命運。在逆境中忍耐，在順境中感恩，遠離那些沒有結局的憤怒。一定要提防，煩惱的來處很多是在一些小事情上。

生活裡成見也罷，煩惱也罷，要學會適當豁達，因為一個人的心態往往決定了其命運的走向，一味地抱怨不是生活的明智辦法。

每個人都是生活的歷練者，我們更應該對善良有一些更深刻的認識。善良是一種人格的信念、道德的能量，是這個世界上唯一不用溝通而能互相傳遞的一種精神。善良而堅強才是正確的人生觀，軟弱的善良不會長久，讓善良成為生命的一種動力，就要克服它的對立——嫉妒。

來到這個世界都是兩手空空，隨著歲月增加，卻花了半輩子力氣去索取，除了一大堆的責任和義務必須承擔，發現其他的依舊很遙遠。然後，我們又強加給自己一些經驗和邏輯，讓生活在疲勞中又增加了許多負擔。

人間學問學不盡，恰似十萬個為什麼。走在生活裡，迷霧重重、困難重重，其實也是一種假象、一份淡定、一份從容，昨天也不是痛苦的夢，未來也不是遙遠的謎，走過去，你會發現原來沒什麼。

第四章　在複雜的世界裡簡單地活著

在歲月中跋涉，每個人都有自己的故事，看淡心境才會秀麗，看開心情才會明媚。如果在乎的沒有那麼多，想要的沒有那麼多，生活便會簡單得很多。

歲月在說

歲月是繁複的，卻又是單純的，也是樸素的；歲月是虛幻的，卻又是實際的；歲月是矛盾的，卻又是如一的；歲月是動盪的，卻又是靜謐的。無論歲月是怎麼樣的，最終都將歸於清涼坦然的本質。

盧山煙雨浙江潮，未到千般恨未消。到得還來別無事，盧山煙雨浙江潮。

也說不出什麼緣由，還是挺喜歡默默地吟誦蘇東坡的這首詩，悠忽之間，不覺得竟然許多年過去了，身邊陪伴的書籍裡，最多的還是唐詩宋詞。

細細品味，每個人來過這歲月一遭，經歷著善意，也迎接著悲涼，適應著沉默，更需要自心的寬度，每一個故事也都是歲月紛雜競相的一種呈現。所有的糾結也都會在模糊與忘記裡，淡然、消磨。

在歲月的故事中，我們既是自己故事的主角，又是別人故事的配角、過客。你是故事當中的人，有一天，你也會成為故事；你在故事外看故事，有一天，一樣會有人在故事外看你。

年年歲歲花相似，歲歲年年人不同。歲月不停地輪迴輾轉，亙古不曾變過，而故事就在歲月當中輪番地變幻上演，只是情節依舊、場景依舊，故事中的人卻不停地換了又換。故事中的悲歡便是人心情的溫度，故事中的離合便是歲月呼吸的節奏。故事中的每一個人，無論主角配角，都在推動著歲月在孤寂中默然向前。

命運如舟，一浮一沉、一顛一簸，迢迢千里，一片孤帆，自己的諾言伴隨著自己歲月向晚，自己的豁達安慰著自己委婉的淚眼，這一場榮枯的經過，不需要什麼費心張羅，它只需要內心的空明和透徹。

歲月一場炎涼，給心設一個恒定的溫度，沖淡歲月的故事裡所有的炎，溫暖歲月的故事裡所有的涼。歲月無常，而故事歷久彌新如在眼前。故事裡的人頭攢動，不過是歲月的一枕黃粱；故事裡的詩畫山河，不過是歲月裡的一幅手卷。

歲月是繁複的，卻又是單純的，也是樸素的；歲月是虛幻的，卻又是實際的；歲月是矛盾的，卻又是如一的；歲月是動盪的，卻又是靜謐的。無論歲月是怎麼樣的，最終都將歸於清涼坦然的本質。

這世界，風雲變幻，終不外，天照著水，水映著天，悠遠無限。歲月無言，歲月在說，人生如寄，而所有的故事就恰如眼際的一襲薄煙。

延參法師智慧語錄

活在當下，經歷著眼前的生活，雖然免不了忙忙碌碌，要學會冷眼來看熱鬧，不要讓生活的腳步太匆忙，畢竟活著不是趕路。從小處做起，歷練自己，多幾分從容，多幾分磊落。

路過生活，不管生活給予了我們什麼，都要學會順其自然。生命是一種緣，也不必要迴避，也不必要追逐；順其自然是一種心態，也是一種坦然，更多一點從容，因為平凡，所以無憂。

面對生活的紛擾，靜靜地觀察煩惱的來和去，就如同煩惱是菩提一樣，煩惱和生活也是密不可分，找到解決問題的好辦法，心胸的開闊在無形之中已經忽略了、化解了許多的無明煩惱，一定要原諒別人無意間的傷害和失誤。

終日的奔波增添了許多疲憊，甚至對命運產生幾分疑惑，導致生活的壓力很大，甚至產生抑鬱。有句古語：明知山有虎，偏向虎山行。鑽牛角尖做什麼？這又是何苦？從生活的抑鬱中走出來是人生的必修課。

如果說生活是一種態度，那麼我們對煩惱應該是不屑一顧。假如你盯著煩惱不放，或者是你被煩惱盯上，彼此都是一種糾纏。

走在幸福

幸福不是一場算計而是要學會順勢而為；幸福不是錦上添花也不是雪中送炭，而是你是否願意將自己的心交付於這個紛繁的世界，去探尋、去汲取，去接受原本就存在的那方幸福。

幸福是一場不期而遇的相知。當你想看山，就會有萬重山巒綿延跌宕；當你想看水，就會有千里靜川九曲回環；當你想聞花香，便會有迎風怒放的山花爛漫于山野；當你想聽濤聲，便會有波瀾一浪接一浪地舒卷。當你心裡開始想念一個人時，只需要一個驀然回首的距離，那個人就可能會出現在你的眼前。

幸福是一場相守相望，像皓月和綠竹一樣相依相伴。但其實有些時候，幸福簡單到只要能在這喧囂繁雜的世間呼吸到一口新鮮空氣就可以了。不得不說，幸福可以是一生一世的長久契合，也可以是某一瞬簡單而平凡的快樂。

幸福是與煩惱擦肩而過的。佛說前世五百次的回眸才換來今生的一次擦肩而過，又或許，今世五百次與煩惱的擦肩而過才能換來來生一場真正的幸福相守。三生幸福的誓約夾雜著三世幸福的守望。

雖然每個人都有追求幸福的權利，可幸福卻是一場偶遇。它可能在某個轉身之後，也可能就在你路途的前方等著與你相遇。雖然每個人都有尋覓幸福的權利，可是幸福卻一直住在你心裡，可遇不可求。

幸福不是一場追逐而是一場收穫；幸福不是一場比較而是要學會甘於平淡，自得其樂；幸福不是一場盲從而是一場有目的的需索；幸福不是一場算計而是要學會順勢而為；幸福不是錦上添花也不是雪中送炭，而是你是否願意將自己的心交付於這個紛繁的世界，去探尋、去汲取，去接受原本就存在的那方幸福。

幸福是你手裡的一握黃沙，握緊的時候很少，放開卻是全部。幸福是知秋一葉，看著平淡無奇，隨之而來的卻波濤洶湧。無論幸福是什麼，都是自己內心深處一種簡單的、快樂的、溫暖的、真實的感受。

如果你感到幸福，請你抱緊它，感受它的溫度，並將它傳遞出去，去讓你身邊的每個人感受幸福。

在這人世間奔走，沒有人能預測幸福何時到來，也無法預知它會出現在哪裡。或許，走著走著，幸福就來了。

延參法師智慧語錄

有網友發短信留言，在平常的工作裡，有一個奇怪的現象，忙的不如閒的，做的不如說的。我的回復，從古到今，這是普遍現象，也不要去區分是非對錯，過自己的生活，多幾分海涵，工作裡辛苦一些算什麼？自古道，敬人者人敬之，做人不可缺少的一種度量就是雅量。

生活裡有一個快樂的祕密，那就是忍讓，當忍則忍，善於忍讓，不要讓那些不良情緒長時間徘徊在心底。記住一句老話，天氣預報說，人間總是下雨的時候少，晴天的時候多。

人間有缺憾，需要自我的包容與擔待，凡事留幾分餘地，凡事向圓滿處看，要深刻領悟無為的含義，並不是消極，也並不是什麼事也不做。用句簡單的話來說，不要自尋煩惱，更不要活得太累，不要抱怨生活虧待了誰，那都是不知足惹來的麻煩。

面對生活的煩惱，大家很難做到不受影響，或多或少地會受到煩惱的傷害，要學會用一種幽默和輕鬆來化解，對生活的消沉、消極一定要做到點到為止。保持一種對生活的希望，其實就是一種快樂的動力。生活也只是一種氛圍，擴大快樂是一種智慧，如果訴苦，那麼只會越訴越多。態度決定了環境的好壞，為了自己不抑鬱，首先做到不憂慮。

為生活點讚

好心態不是一種奇蹟，它會引發更多的溫暖和快樂產生共鳴。你擁有一個什麼樣的心態，生活就給你鋪就一條什麼樣的路。

人生在世，誰能避免這世間的炎涼悲歡、人情冷暖？又有幾個人能把薄薄的一杯淡茶也變成快樂的理由？能把日子過得有滋有味，一個人，內心的開朗才是命運真正的玄機。

人生不是用來歎息的，給自己一個陽光的心情，讓它做命運的風向標，是一種生活的智慧。熙熙攘攘的人海裡，那個愁眉苦臉的人把自己活成了誰？是誰壞了他這一輩子的好心情？人生一場，山高水低路過，沒有平庸的人生，只有狹隘的心情。你給生活看到的苦瓜臉少，你注定過得好；保留一份好情緒，學會讓好心情成為生活的一日三餐，才是真實的生活。

世間這一趟，哭哭笑笑顛顛倒倒幾十年，一條路悠悠，一顆心懸懸，一次次打打算算斤斤計較，爭了什麼，得了什麼，最後不過是一場大夢一場空。年年月月分分秒秒，偏偏在該快樂時只顧去忙這算不完的無頭債，修了一生的壞心情。計較了一場，到頭來終會明白，那曾經的生活大可不必那麼折磨。得放手時且放手，還有什麼好思量？心中沒什麼，天地間還能有什麼？

生活就是生活的態度。你用什麼態度對待生命，生活就拿什麼禮物來回饋你。好心態不是一種奇蹟，它會引發更多的溫暖和快樂產生共鳴。你擁有一個什麼樣的心態，生活就給你鋪就一條什麼樣的路。把握好自己的心態，你的樂觀能給別人帶來快樂和信心，你的悲觀有時恰似對別人雪上加霜。命運是什麼？就是你心態的選擇，滿心歡喜地樂活，才是真正的灑脫。

延參法師智慧語錄

生活中的煩惱，很多是由於比較而來的。紛紛擾擾的世界讓人眼花撩亂，迷濛濛的前程卻沒個著落。每個人都嚮往幸福生活，但幸福生活實在是一個過程，不是一個結果。如果面對生活，少一些比較、少一些訴求，就能還生活一份輕鬆。

有一句話大家時常會問：幸福是什麼？其實生活和工作就是一種搭配，工作的時候切忌累得半死，休閒的時候也不要閒得讓人發慌，拿得起，放得下。如果說幸福在哪裡，可以這麼認定：幸福在快樂裡。

在生活裡忙碌，當回頭看時，卻發現收穫並不多，從而感到焦躁不安，這其實是一種執著。

生活裡我們有許多捨不得，就像那些獻給歲月的花朵，到最後都成了捨得，想一想又何必執著，放下那些生活的忙碌，還歲月一份清閒。

做命運的知己

相知自己，從瞭解自己性格中的強和弱開始。瞭解自己的短處，讓它在關鍵時刻不要爆發出來；瞭解自己的長處，讓它在關鍵時刻發揮得淋漓盡致。

命運是一趟沒有開頭也沒有結尾的旅程。要想與命運相知，便從欣賞沿途的風景開始吧！

隨著我們在人世間一段又一段地走過，一路上的風景也如同一幅畫卷一樣層層展開在我們面前，那山一段的厚重拙樸、那水一段的波光旖旎、那動一段的活潑跳脫、那靜一段的波瀾不興、那明一段的雪霽雲開、那暗一段的六合荒蕪，都一一映照在我們的心底。其實，無論哪一段，都是我們眼中的水中天，都是我們心中的清淨地，都是命運的一種周全和善待。

相知命運，要從修心開始，心的錘鍊過程便是對命運的感知過程。我們不僅要去感知命運的高低起伏，還要去感知命運的曲折百回，更要去感知命運的平淡與安寧。

命運是一場沒有開頭也沒有結尾永不落幕的劇情，要想與命運相知就要走進命運的劇情，走上命運永不謝幕的舞臺，挑一個與自己相知的角色，無論大小，無論台詞多少，無論是否搶戲，放浪形骸間，演一場人世間的嬉笑怒罵和愚癡疏狂。

從命運這場劇情裡走過，用自己內心的忠實和赤誠去演好與自己相知的角色，用胸懷和溫度去感知他人內心的境相。在命運這場劇情裡，我們拼的不是演技，而是人內心深處的善良、真實和溫暖。

相知命運，請記住命運這場劇情中隨時光明暗變幻的場景，請與舞臺上其他角色盡可能地互動。在場景的變換中，請記住能照亮你內心黑暗角落的那束溫暖的燈光，互動中請笑納觸動你內心的那些言語。

相知命運，不如說是相知自己，因為命運就掌握在自己手中。命運中，我們總是一邊用右手浸染歲月，一邊用左手還原美好。而左手就是人的本真，右手就是人的外相。外相不斷地變化，而人的本真卻依舊如初。

相知自己，從瞭解自己性格中的強和弱開始。瞭解自己的短處，讓它在關鍵時刻不要爆發出來；瞭解自己的長處，讓它在關鍵時刻發揮得淋漓盡致。這樣的避短揚長才是在命運這場努力中制勝的關鍵。

相知命運，便是相知自己。相知自己，不如從自己的豁然開朗開始。

延參法師智慧語錄

生活就是自己每天的日子，樸素而真實，不要給它賦予更多的功和利。世態炎涼變化無常，也是正常；人生道路曲折不平，更是平常。讓心再恬淡一些，不就是平平淡淡地活著？足矣。

平常心並不是消極之心，而是平衡進取中的浮躁，消弭生活和煩惱交鋒時的煩躁。不要把成和敗定為目標，《菜根譚》有語：立身要高，處世須讓。

自己的心地是自己的世界，不要在意生活中的七顛八倒，固守內心世界的一方安寧、清淨，或者說是一份寂寞，生活如茶，品的是一種忘卻，忘記別人的怨恨，忘記別人的過錯。

我們在生活裡總想表達著什麼，卻最終選擇了沉默。面對這大千世界，人有悲歡離合，說多了都是囉唆。不要等到那最後一天，凡是今天能做的事情馬上去做。需要說聲「對不起」的還是這面前流過的歲月，奔跑的時候感謝奔跑，思索的時候感謝思索。一個人的心態決定了一個人的生活，生命裡所有的美好都抵不過今天的特別。

溫暖人心是善良

生活裡的每一種犧牲自我，本來就是一種高尚的成就自我，用善良對待這個世界，那麼命運就有用不完的生命正能量。

有個人汽車拋錨被困，一個過路人幫了他。車主拿錢酬謝，路人說：「我不要回報，但請給我一個承諾：別人有困難時，你也要盡力幫他。」後來，車主幫了許多人，每次都轉述那句話。多年後，他又遇到困境，一少年救了他，竟也說出那句話。車主突然明白：愛的傳遞終會回到自己身上，他一生做的好事，全是為自己做的。

生命是一面鏡子，它用最實在的狀態反映你存在的現狀，在生命裡用善良承擔這一切，它卻不僅僅是一個善良的生命，更是一種奇蹟——它會引發更多的善良產生共鳴。

善良是能接受別人的付出也能為別人付出，是風雨之中人與人之間相互的支撐與溫暖，是一種人性之中平等的賦予。從來不存在誰幫助了誰，沒有施者，也沒有被施者，沒有誰在高高處救濟了那些低低處的弱者，生命不是因為誰付出過什麼就可以自大地將自己歸為「救世主」的行列。

每一次付出，每一次伸手，相信一點，並不是在拯救誰，只是沒有違背自己的良知，沒有給自己的未來留下內疚與後悔，只是在向著自己心的道路上前進了一步，不是你幫助了別人，是在你回家的路上別人做了推手。在每一個心的回歸旅途中，都需要別人的助力推一下，每一次心的碰撞，都是生命的互助，也是善良的共鳴。

也許，有人在迷茫，因為生活太累；也許，有人在焦慮，因為壓力太大；也許，有人在沉迷，因為欲望太多。但是，相信每個生命都對未來充滿憧憬，每個心底都深埋著清淨的土壤，每個心靈的深處都閃耀著善良的光芒。生活裡的每一種犧牲自我，本來就是一種高尚的成就自我，用善良對待這個世界，那麼命運就有用不完的生命正能量。

世界還是那個世界，也似這生命一般寧靜。活自己的平靜，不被外界所干擾，承攬幾分自己的過失，多說幾句對不起，一念悔過，還世界的安寧。

一位網友來問：以前造過很多殺業，如何改過？我的回復，佛經所說：罪性本空由心造，心若滅時罪亦亡。心亡罪滅兩俱空，是則名為真懺悔。善與惡也只在一念之間，也要相信懺悔的功德。

心靈的安靜、心靈的平和，應該就是生活的最好狀態，面對世間的紛擾、功過得失的糾纏，常聽有言，富貴於我如浮雲，活一份自然，活一份淡然，還是六祖慧能那句話說得深刻：本來無一物，何處惹塵埃。

在生活裡，我們對生活有太多的期待，從而把生活活成了一種負擔和辛苦，總想努力去完成一件事情或者一個目標，結果卻錯失了生活的美好。如果給人生一個定義，生命既然沒有保鮮期，那麼就是不猶豫、不後悔。

境由心作

我生本無鄉，心安是歸處。看破了，想開了，不懷疑人間的美好，不累心行走的艱難，幸福快樂原本很簡單。打點出美麗的心情上路，用欣賞的眼光看待周圍的人和事，且行且珍惜，輕鬆地過日子，即使寒冬裡也溫暖，哪怕烈日下也清涼。

人生怎麼活？一炷心香靜靜參，心地運用間。

有人「相看兩不厭，唯有敬亭山。」就有人「已恨碧山相阻隔，碧山還被暮雲遮。」心懷山水的人看過去，青山多情看不足；而在幽怨者的眼裡，無情無思的山也是可恨的。這世上哪裡有不平？原是心地不平。用不平的心去看一切，山不是那座山，雲不是那浮雲，怨恨的是心，執著的是心。人生怎麼活？境由心作，用一顆平心觀天下，用一雙慧眼來看大千，活一回榮辱不驚的煙火人間。

人海匆匆，總有人抱怨出路的擁擠，要知道，不是人太多，而是心太窄。為生活奔走的世人，舒展的心向寬處行，路才能越走越開闊。俗話說得好，心寬一寸，路寬一丈；心放寬，條條大路通天涯。沒有走不通的人生路，只有狹隘的心胸。也不要埋怨生活偏愛了他、冷淡了你，寸心寬似海，時時處處春暖花開。

常常聽人感慨，生活的風會吹皺一池春水，妄念的漣漪一圈圈浮在日子裡，不平靜的心映著煩惱的倒影；這時候，我們要學會觀照內心深處的渾濁，不去對立、不去抗拒，不採取任何行動，接受不完美的自己，也接受生活的種種遺憾，聽任煩惱來亦來、去亦去，讓時間沉澱出生命的清澈，讓心回歸止水。生活教會我們，時時安住當下一念，清醒地守住這顆心。

塵世喧囂，人事多變，縱然是弄潮逐浪的時代健兒也有徘徊迷茫時。如何做個快樂的人？我生本無鄉，心安是歸處。看破了，想開了，不懷疑人間的美好，不累心行走的艱難，幸福快樂原本很簡單。打點出美麗的心情上路，用欣賞的眼光看待周圍的人和事，且行且珍惜，輕鬆地過日子，即使寒冬裡也溫暖，哪怕烈日下也清涼。寸心安好，一切都好。

時光不倦地掠過世間一切風光，當年的低唱淺斟，再回首春夢一場；曾經的恩恩怨怨，也已隨風而散，這一段生命之旅，你又能挽住什麼？你在這人間能找到的珍寶，或許就是這顆空心。不再去歎息春夢隨雲散，不再去糾纏恩怨逐水流，拋掉你對自我的執著、對世間的一切知見，留一顆空心去包容，留一顆空心去寬恕，留一顆空心待善緣，把簡單與淳樸掛額頭，做憨憨的阿甘，沉靜跑完這一條人生路。

人生活什麼？留幾分心田細耕作。用它來種什麼？種桃種李種淡泊。

延參法師智慧語錄

在生活裡，我們難免會接觸到一些負面情緒，在心裡造成一些不快樂的陰影，有時候我們感覺到無能為力或者無力改變。有句古語說得好：交友須帶三分俠氣，做人要存一點素心。坦誠一些，純潔一些，擔待一些。

處世讓一步為高，待人寬一分是福。生活的品質，宜寬宜厚。讓別人一步，自己得幾分輕鬆；寬一分待人，也算是對自己命運的一份尊重。

生活的煩惱讓我們把生活思索得撲朔迷離，在歲月裡感歎，在煩惱裡徘徊。既然過去的已經過去，不如不去回憶；既然未來尚未可知，再多的美好，不如低頭，當下即好。

陽光普照的日子

生活要向前看，要向陽光普照的地方看，也許也會有陰影，但是，終究不是生活的全部；生活要向後看，從陽光照得到的地方吸取溫暖，從自己的影子中去觀照自己。

不知從什麼時候起，人開始覺得，思索成為生活裡的功課，一直在想是什麼佈了生命這場局，甚至是把生活感覺成無數的累，甚至是感覺活錯了方向。其實，許許多多的人和事，就像是手裡的一捧流沙，握得更緊，它們卻在飛速變幻的時光中消逝得更快。最終，手中空空，一切成空。

在塵世間行走，人來人往，呼嘯而過的是風，疾徐有致的是雨，轟然乍響的是雷，霹靂長空的是電。山勢不僅可以巍峨，還可以秀挺；水流不僅可以洶湧，還可以緩息。

每個清晨，當拉開將黑夜遮蔽在外悄悄流亡的窗簾時，便會看到有點點淡金的晨光透窗而過，灑在身上，心頭暖意浮掠而生，暫態奔波一日的倦意和一夜的慵懶睡意便隨晨光去了。

日至中天，燙金的陽光透雲而落，霎時披靡萬里，將如火的熱情傳遞給這塵世間忙忙碌碌的人們，並一一點燃人們心中塵封的希望。到了日暮，熔金落日似要將塵世的煙火一一煉盡，然後還人世間一夜平和安詳。

塵世間的每一場奔波忙碌後，每一次遭遇挫折時，每一次努力無果時，抬頭一看，總可以看到一輪金日時時刻刻俯視著這人世間，歲歲年年，從不更歇，萬古不曾變過，於是收拾好心情，拭掉淚水，重新爬起來，繼續向前。雖不能像頭頂的日頭一樣永不停歇，但對於想要做的事，必須要做的事，還是要堅持下去。

生活要向前看，要向陽光普照的地方看，也許也會有陰影，但是，終究不是生活的全部；生活要向後看，從陽光照得到的地方吸取溫暖，從自己的影子中去觀照自己。

磨礪久了，我們不妨走到陽光直射的地方，與陽光縫隙中的塵息一起共在，然後和陽光一起消失在這塵世間的熙熙攘攘中。

心事積鬱久了，我們不妨拿到太陽底下曬曬，或許曬著曬著，遮蔽心頭的所有陰翳就消散在這澄金如絲的陽光中。

用心去認真感受這世間的萬事萬物吧，既要學會收穫，也要學會放手，既要去感悟那些銘心刻骨，也要去寬恕那些有意無意的辜負，即使人生只是一場匆忙。

然後，給心設定一種叫溫暖的溫度，讓所有的日子都成為陽光普照的日子。

延參法師智慧語錄

在平常的日子，我們都希望有一個好心情，也總是鼓勵自己要堅持，面對生活的幸運和不幸，保持一份積極。

一定要掌握好自己心態的分寸，世間萬物有時候隨著我們的心理變化而轉移，悲傷時看一切事物都覺得哀哀可憐，歡喜時看很多事情都是可喜可樂。心地寬闊是人生幸福的基礎，是陰是晴，心地做主，悲歡只在一念間。

要發現生活中那些瑣碎的快樂，大事化小小事化了，總是一種生活的哲學，生活原本就是一些極其平常的小事點滴積累而成，不要因為瑣碎而煩惱，細細地品味那些平時忽略的點點滴滴也是另外一種快樂。

幸福沒有一個固定的標準，也不是交易，相逢的時候你可能不在意。也許幸福就是一陣空氣，你感覺到了，你就擁有了。

生活的忙忙碌碌應該是生活的狀態，不應該成為心靈的狀態。在工作的繁忙中，更應該體會到自由灑脫的特別與美好。忙忙碌碌只是一種形式，平淡、平常才是一種功夫。保持愉快的心情也就保持了內心的安寧。

冬天的風在吹

生命是一段又一段的旅程，悲觀中能抬起頭，紛繁中能收住眼，匆忙中能停下步，分得清尺度，明得了高低，敬畏中珍惜。可以這麼理解，人生是為自己的美好找到一條出路。

人生一回，誰的一生也不會一帆風順，沒有一點曲折，誰也不可能永久生活在春暖花開的季節。經歷春夏秋冬的輪迴，體驗世態炎涼的變換，幾乎是每個人都逃不過的。既然無法逃避，那就坦然地面對，從容地接受。

世上沒有完美無缺的事物，再平凡的物種也有賴以成名的標籤，再討厭的季節也有值得驕傲的資本，再醜陋的生物也有惠及眾生的祕笈。人生也是如此，不管經歷怎樣的坎坷和磨難，不管生活怎樣殘酷和無情，看開了、看淡了，一切也就釋然了，就看你怎麼理解生活，怎麼看待生活。

生活裡不會因為你不情願所有的淒風厲雨就順從你的心意，也不會因為你不喜歡所有的坎坷和磨難就為你而迴避。與其埋怨這世界，不如改變自己的心態；與其抱怨生活，不如去適應生活，做一個生活的強者。

生命就是一個風吹雨打的過程，又是一場回頭是岸的經歷。我們不必要去歎息命運的無常、高低起伏，更應該去找到人生智慧的方法。不管生命這條線多麼曲折，不對立，不極端，經歷命運所有的考驗，同樣是打開命運所有善待的門。

在人生路上，誰也避免不了受傷，人生恰似天上月，盈虧迴圈，如果把生活簡單地理解為索取，或者說是幸運，那麼就是對生命意義的一種忽略，生命的厚重恰恰是保留自己心地的純潔，或者說是寬容。

我們用一種客觀理解生活，生活也從來沒有平坦過，風裡來雨裡去，這就是人世間。甜了淡了酸了鹹了，這世間從來就沒有人能打對過算盤。過著日常的生活，抱有一份最平淡的生活，人生怎麼活？寬一點，和一點。

命運是一種平和的滋養，平和是一種心靈的力量，不浮躁、不悲觀、不荒蕪、不忐忑，看得清痛苦，活得起沉重，轉化內心那些灰暗，或者是妥協，知道自己不能做什麼，理清自己正在做什麼。

生命是一段又一段的旅程，悲觀中能抬起頭，紛繁中能收住眼，匆忙中能停下步，分得清尺度，明得了高低，敬畏中珍惜。可以這麼理解，人生是為自己的美好找到一條出路。

不要把人生這趟旅程過成比陌生還要陌生，如果說生活是一場創意，那麼就需要用慈悲燻習自己所有的念頭和行為，這不是不可能，而是自己願意不願意做的問題。冬天的風在吹，並不是對命運的拷問，而是對命運最可貴的一種維護，恰如煩惱越猛，清醒更醒。

生命中所有的遇見和經過都是一份緣，世界萬法的生滅皆是因緣而起。活一場生命的灑脫，那麼就應該善待和珍惜緣聚緣散，隨緣不變，不盲從、不消極、不懈怠，結善緣。

日子就是這樣平凡得不能再平凡了，經歷平凡、感受平凡，恰如樹上的一片葉子，抽出新綠後，什麼時候飄落，完全由不得自己。我們唯一能夠堅守的是，飄落後，安靜地融入泥土，等待來年的春天再抽出新綠。

日子就是如此平凡，平凡得猶如這冬天的風在吹。

延參法師智慧語錄

在生活裡，苦的甜的酸的辣的，不管是煩惱還是快樂，五味雜陳，也無法迴避，事事小心也罷，委曲求全也罷，倒不如豁達一些來得實在。世間千變萬化，我自抱樸守拙。

用心感受生活，包容那些缺憾，體味生活的冷暖，有些時候需要一些義無反顧的勇氣，有些時候也需要保留自己一份清高。在生活的道路上，不必要叫苦不迭，所有的過往不過就是生活的一種襯托。

生活在繁忙的日子裡，保持一種如水的心態，清澈透明，靈活處世，在忙碌的工作中獲得生活的歡喜，煩惱煙消雲散，快樂自由，品味生活猶如品味一杯清茶。

三千煩惱，不過浮躁不實。靜下心來看世界，世界並未改變。

第五章　把心安放在美好上

短暫的人生，就像月光落在岩石上，月光輝映下，那碧玉般清妙的岩石姿態，雖然不會常在，但它的美妙，卻驚人地妝點著叢林大地。在短暫的人生中，只有善於把心安住在體會和嚮往美好的人，才能聽聞到這種清寂無聲的天籟。

寫給昨天的自己

誠實地面對所有昨天的自己，就如誠實地面對自己的心，所有的過往本身就是心的念念相續連成的人生故事，而人生之路又恰恰是一條通往心靈的路。

人之一生不過就是從自己生命的第一個明天走向最後一個明天，亦可以說，是把每一個明天走成昨天。隨著歲月如水般流逝，昨天在遞增，明天則遞減，直到生命裡的昨天達到最高值，而明天終於成零。

俗話說，三十而立，四十不惑，五十知天命，六十耳順。可見，生命是隨著昨天成長，經由一個個的昨天積澱出生命的厚度。許多人認為，未來是遙遠的，卻不知，昨天才在最遙遠的距離，因為未來總會走到，而昨天再也回不來。

在那無數個昨天裡，追求過、放棄過，奮進過、頹廢過，勇敢過、退縮過，膚淺過、深刻過，喜悅過、流淚過……既然是它們共同構成了生命的軌跡，則無須有好壞之分別。人生的成功，未必是得到什麼，或許生命的圓滿之處在於真正地瞭解並體悟了生命本身。

誠實地面對所有昨天的自己，就如誠實地面對自己的心，所有的過往本身就是心的念念相續連成的人生故事，而人生之路又恰恰是一條通往心靈的路。與自己的心面對面永遠要好過背對背——哪怕，那裡有你不願意面對和接受的自己的缺陋和遺憾。

每一個昨天的自己都值得感謝，就像感謝曾經讓自己進步的每一個人，哪怕是昨天窘迫的、絕望的、迷茫的自己，因為那是勇敢地品嘗生活苦澀的自己。人生恰是從無數痛苦的昨天中走向更加遼闊的明天。

沒有哪一個過去的自己是值得驕傲的，因為驕傲可能意味著現在尚不如過去。在生命的旅途裡，人生應該是讓每一個步伐都朝著突圍自我的狹隘和成見前進，哪怕只是極小極小的一步，也依然是在向前邁進。而被自大和自滿蒙蔽的自己會讓這條突圍之路愈加艱難。

天地間，會發生的事情是無窮無盡的，不要在乎一時的得失，這世間的恩仇交集和得失悲歡其實是人生的一場歷練。順境現前，幾分收斂；遭遇逆境，幾分希望。命運對誰都是一份善待，但是誰也逃不過考量，這世間時時刻刻不是風動就是幡動，所謂昨天、今天、明天，其實過的就是那場無人替代的從容。

煙霞如客，往來無憑。秋雨清愁，一笑也罷。

延參法師智慧語錄

生活的幸福更應該是一種自我心靈的坦白，和外界因素沒有一點的關係。幸福人生的意義就在於從來就沒放棄過幸福。

快樂應該是生活的一種正能量。隨他世事變化無常，受點委屈算什麼？吃點小虧又有什麼？抬眼望去，大路朝天，寬寬的天地，心窄什麼？

佛門有句話，安禪何須山與水，滅卻心頭火自涼。一份平和，安忍於世，生活裡何處不是修佛的道場？此身即是百忍寺，何必南海拜觀音？

面對煩惱不必要怨天尤人，清理好內心的塵埃，一個人人格的提高並不是他擁有了什麼真理，是因為他找到了自己失敗的原因，而不再為自己尋找藉口去逃避。

為了更好的世界

心的囚籠一旦被打破，所有分別也被打破——不僅黑人和白人的界限被打破，敵人和朋友的界限也被打破。

曼德拉，南非的第一位黑人總統，一位終生致力於南非民主與自由、為美好永無停歇的勇士，一位被世界人民銘記的偉人，他打破曾經嚴格的黑人與白人的界限，給一個被分隔成黑白色的國家帶來走向幸福的美好希望。

八十四歲的曼德拉曾在南非舉辦個人畫展，作品主題是監獄生活。他用畫筆講述自己的鐵窗傳奇，但是，並不選用黑暗或陰沉的顏色，而是明亮、輕快、豐富的色彩，以此來表現自己樂觀積極的心態。他告訴人們：「我用樂觀的色彩來畫下那個島，這也是我想與全世界人民分享的。我想告訴大家，只要我們能接受生命中的挑戰，連最奇異的夢想都可實現。」

是的，從一個終身監禁的囚犯到一國之首，這樣奇異的夢想就發生在曼德拉的人生傳奇裡。從一九六二年六月入獄，到一九九〇年二月釋放，這位傳奇人物度過了二十七年半的囚籠生涯。也正是在這近三十年的囚籠生涯裡，他明白了如果沒有這樣的生涯也許就體悟不到的真理：真正的囚籠，是自己的心的囚籠。

他曾經內心充滿仇恨，充滿對不公平的仇恨，充滿對敵人的仇恨：「不論這個法院要怎樣對付我，它改變不了我內心的仇恨，我力謀從這個國家的政治和社會生活中消除不公正和不人道——只有通過消除這些才能消除我內心的仇恨。」

所以，他用自己的一生做鬥爭。不同的是，早年，他與不公平鬥爭，與敵人鬥爭，正如他在一九六一年的演講說的：「只有通過苦難和犧牲，通過武裝鬥爭，才能贏得自由。鬥爭，就是我的生命。」後來，在漫長而孤獨的囚籠生活中，他學會了與自己的狹隘和偏執鬥爭，並且最終他戰勝了自我。「當我走出囚室邁向通往自由的監獄大門時，我已經清楚，自己若不能把痛苦和怨恨留在身後，那麼其實我仍在獄中。」這話說明，他身在囚籠之中時，完成了超越心的囚籠的歷程。

心的囚籠一旦被打破，所有分別也被打破——不僅黑人和白人的界限被打破，敵人和朋友的界限也被打破。他內心寬廣的愛超越了黑人，延伸到了所有人——「在那漫長而孤獨的歲月中，我對自己的人民獲得自由的渴望，變成了一種對所有人，包括白人和黑人，都獲得自由的渴望。」因為「壓迫者和被壓迫者一樣需要獲得解放。奪走別人自由的人，是仇恨的囚徒，他被偏見和短視的鐵柵囚禁著。」

並且，他一直苦苦追求的自由，也不再是一個小我的個人自由，「擁有自由並不僅僅意味著擺脫自身的枷鎖，而且還意味著以一種尊重和提升他人自由的方式生活。」自由，不僅是自我的自由，也不僅是黑人的自由，還有白人的自由，更有所有人的自由，「只要世界上還有其他人沒有自由，我們的自由就不完全。」

從此，他把鬥爭也重新定義：我為反對白人種族統治進行鬥爭，也為反對黑人專制鬥爭。

而他鬥爭的方式也從暴力轉向和平。因為，他已經深深明白，膚色不是鬥爭的來源，白人不是黑人的天敵，不公平來自體制而不是來自人與人之間的敵對，心中那個「建立民主和自由社會」的美好理想實現的前提是黑人和白人成為兄弟。要想贏得鬥爭，需要自己先放下鬥爭，走向和平的前行之路是原諒。

於是，他和當時任南非副總統的德克勒克簽署《全國和平協定》，用和平方式，完成了南非民主的確立。就在同年，他們共得了諾貝爾和平獎。次年，曼德拉當選為南非第一位黑人總統。

時至今日，那個折磨曼德拉也成就了曼德拉的羅本監獄成為諸多國家領導人出訪南非的必訪之處，它也有了一個新的名字——「曼德拉學校」。曼德拉用自己二十七年的寶貴光陰，用數不盡的汗水和淚水，再次向世人證明：苦難真的是最好的學校。而他，不僅在苦難中學會了堅強，更做到了寬恕，做到了超越仇恨。

二〇一三年十二月五日，又是一個讓全世界人們銘記的日子，曼德拉走了。而他留下的生命理念，不僅僅是南非的，不僅僅是黑人與白人的，是全世界的，是所有人民的——「此時此刻的世界或許不夠美好，但只要堅持我們的美好信念並付出行動，未來的世界一定會更加美好。」

延參法師智慧語錄

生命原本就是一個拖拖拉拉的過程，沒有信念的支撐也是一種悲哀。一個強大的信念左右著一個人一生的命運，這個信念來自每個人的內心世界。每個人都是自己命運的主人，獨一無二地受用，不懷疑，不背離。

有時候，我們往往把聰明和智慧混為一談。聰明可以通過思維邏輯和經驗獲得；智慧則不然，它來自內心的光明和清涼。如果給成功的人生一個淺淺的定義，能輕鬆地迎接明天，能開心地活在當下，就應該是美好的生活。

一個幸福的人，他應該是懂得生活藝術的人，用幽默去對付苦惱，用豁達去迎接生活。

有句古語說得好：知人者智，知己者明。生活裡不要睜開眼睛去看別人的長短，應該丈量自己內心是否明亮和簡單，發現自己優秀，也要明白別人並不愚蠢。

如果說生活是一條長路，那麼快樂就是一棵智慧樹。

人生路

人生是一場路過，不經過挫折、磨難就不可能堅強，就不可能成熟，就不可能達到人生的平坦境界，更不能體會到平淡生活中的幸福。

昨天彷彿還在眼前，早已成為故事。人生路上，曾經固執地認為，有些事情說不變就永遠不會改變，會順著自己設計的方向一直延續下去，而此去經年，再回首時，才發現唯一不變的事實就是一切都在無常地變幻。

都是歲月的過客，塵埃落定，洗盡鉛華，在來來去去的成長中，那些繁華哀傷的塵事終成過往，那些曾經陪伴我們的人也終會走向遺忘。雖然有時有些不甘心，歲月留給我們的只能是無奈，無須抱怨什麼，在世間的輪迴中，每個人都有自己的業力和追求，都有自己必須要走的道路，別人改變不了，更代替不了，世界原本春來花自發、秋至葉飄零，所以不要一廂情願地去挽留什麼，更不必為改變不了的事實去難過和悲傷。

人生是一場路過，不經過挫折、磨難就不可能堅強，就不可能成熟，就不可能達到人生的平坦境界，更不能體會到平淡生活中的幸福。所以，踏實地走好自己腳下的路，用一顆從容的心去看沿途的風景，這才是生活的真諦。如果感到生活中有什麼聚散離合，那也只是我們自己心中對感情的執著和眷戀。

每個人的人生道路在茫茫人海中不過就是隕落的彗星劃過的一道光線，彼此碰撞，彼此磨礪，彼此包容，彼此閱讀，彼此借鑒。人生短暫，不要把所有的關係都考慮得那麼複雜，不如彼此都寬鬆一些時間、讓渡一些空間、包容一些對錯，善意理解別人的不同意見，因為簡單的人生才能感知生命的意義和內涵。

雲自無心水自閒，水有水的沉靜恬淡，雲有雲的自在安然。本不相干，何來相連？本無相會，何來相期？

歲月在心，心在當下，靜靜地叩拜菩薩，沒有目的，只是叩拜。

世間紛擾本來多，有的說不清，有的說不得，又沒必要患得患失，冷靜地看透這世間的喧鬧，告訴自己一句話：糊塗真好！

生活中的功過得失、隨緣進取，生活有時候給我們出難題，當面臨選擇的時候，答案有很多，所以生活裡要知進退。

在生活中，幾分胸懷，幾分包容，生活的快樂就在於還有寬寬的餘地，當發現沒有人嘲笑你的時候，一定要深思。生活裡要學會嘲弄自己，那也是一種參與生活的方式。

世間所有的重要，都可以被忽略，但是一定要發現生活中的此刻，就如同生活中並不缺少快樂，而是被無明煩惱所掩蓋。得意忘形與失意忘形同樣都是災難，心有所住，即有所困。所以說，得意失意，超然泰然。

活在生活的紛擾中，世態炎涼的煎熬、人情冷暖的糾纏，不過是對心靈的另一番歷練。如果說害怕或者說軟弱都是一種歪曲，保持一份心的質樸，別無他法。

人生恰似歸來

生活中難免有坎坷和無奈，稍不留神，就成了煩惱的走卒，很多年以後，你就會真正地明白，生活的平凡才是生活的真諦。

光陰荏苒，一去不復返，我們就是人生中的一名過客，來也匆匆、去也匆匆，我們來這一回人間就是一次歷練。

人生短暫，經歷著春夏秋冬四季輪迴的更替，體驗著寒暑炎涼人心的冷暖。生活告訴我們，來這一回人生不能白來，一定要學會思考，思考生命到底有什麼特殊的意義，我們賦予了悲天憫人，我們也付出了似海情深，我們想要得到什麼？記住一句話，這一切不過是想找到自己心靈的路。

生活的種種壓力、困惑、迷茫、悲傷會架構出自己與心的深淵，當與自己的心越來越遙遠時，我們把責任歸咎為他人，歸咎為社會，甚至歸咎為時代，卻沒有想到心的深淵，並不是那些外在的壓力和困境或者傷害，是每個人內心的狹隘、無知、懦弱和愚昧。

人生短短不過百年春秋，沒有那麼多的時間去想更多的事情，去做更多的打算。不能因為人生的複雜而忘卻內心的平靜，也不應讓煩惱始終纏繞在自己的心頭。每個人都有自己的人生觀和世界觀，都有自己的人生高度，沒有必要和任何人比，和別人比只能是自尋煩惱，戰勝自己、超越自己，才是人生真正的課題。

生活中難免有坎坷和無奈，稍不留神，就成了煩惱的走卒，很多年以後，你就會真正地明白，生活的平凡才是生活的真諦。心不但不是一堵牆，而是生命的一個出口。

經歷那些所謂的酸甜苦辣，就像路過這身邊的季節。這一場人生，不是一場較量，縱橫交錯的糾纏、息息相關的互助、痛苦潦倒的沉浮、樂觀向上的面目，種種的經過，不是讓你去瞭解什麼真相，而是需要你去客觀理解這一趟歲月的煙薰火燎，找到你內心的寬度。

大千世界，紛繁複雜；人海茫茫，矛盾重重。人生一場，不是來和誰做對的，也不是與誰為敵的，既要學會善待，也要學會友好，友好相處有什麼不好？友好相處才不至於招惹不必要的麻煩，多結善緣，生活才能收穫滿滿。

生活猶如一潭湖水，總會在不經意間在本來平靜的自己內心世界裡激起一圈大一圈的漣漪。

這世間的滿眼繁華、沉浮得失，不是誰的設計，更不是命運的心計。人生一條路，不過是在尋找如何過得更通透，如何過得更清澈，通向內心的安寧，路口在哪裡，如何能到達。睜開眼看見的這個世界，它不是哲學，而是人學。

每個人都是人海茫茫中的匆匆過客，每個故事最終都是以不了了之作為結局，世界還是那個世界，我們還是我們，生命是一場能量的轉換，也是一種接力，能量在，大家都在。

每天走過世間道路，不論是車水馬龍，還是門庭冷落，變幻莫測的環境，常常讓我們感到不舒服或者不適應，人生不是一場痛苦煩惱的煎熬，有一種心態叫作隨遇而安，不管是天涯還是海角，此心安處是家鄉。

一個善良的人生觀，其實就是一個人的人生方向不懷疑、不迷失，不管面臨如何的道德危機關頭，沒有為什麼，只選擇做什麼，這才是人生的關鍵。

人生許多煩惱，很多是來自如何取捨、權衡得失，牢牢記住一條：人生不可能盡善盡美，明智的取捨是一種智慧，學會放棄什麼、留住什麼。

默

默不是拉長臉不理人的刻薄；默是內心看破嘴裡不說破的一種包容；默是讓所有的苦痛、不平、憤怒、仇恨止於語言更止于行為的強大內心力量。

人生閱盡秋雲厚，世事經多蜀道平。在淺水裡扔進一塊小石子，會濺起高高的浪花；在深水裡投入一塊大石頭，只會蕩起小小的漣漪。那些痛得齜牙咧嘴大喊大叫的，往往是還沒有識得痛；那些掛在嘴邊說寂寥的，亦不過是為賦新詞強說愁。若把四季炎涼都受過，天空再無愁雲起；也唯有把世間坎坷都走過，心路才平直。

如果說大千世界變化萬端，那麼可以用最簡單的一個字去面對這人世間的悲悲喜喜冷暖無常：默。

默是一種認識滄桑的超脫。默不是沉默無語，是不再有牢騷，不再有埋怨，不再有不滿。你說或是不說，困難就在那裡，人生的結果，不在說，在做。一個人只要肯動腦筋，就一定可以找到解決問題的辦法。當你把生活中遇到的每一道難題都如解數學題一樣一道道解開，一道道扔到身後，你會發現「滄桑」只不過是許多難題累積後的回首，而其中的百種滋味，不需說。懂你的人，不說也懂；不懂你的人，說了也不懂。你若懂生活，不需說；若懂苦難，不需說。

默是一種世事紛繁的靜持。生命的所有努力無非就是找到生命寧靜的歸宿，人間的是與非、世間的成與敗，點點滴滴都是在宣說事物變化的無常。

默還是一種心情的溫度。禪門有句話：看山是山，看水是水；看山不是山，看水不是水；看山還是山，看水還是水。年少懵懂時，看山是山，看水是水，這時看到的只是事物的外表；稍經世事，略知無常，此時看山不是山，看水不是水，知道世間的事情不是表象那麼簡單；遍歷滄桑，閱盡人情，明白所謂得失不過人手之反正，遂能放下所有複雜、所有思量、所有虛榮，內心漸趨於平和寧靜，此時洞悉世事，見山是山，見水是水。心的寧靜，並不是來自外界的清幽，是穿越紛繁世事後的從容淡定，是經歷沉沉浮浮之後的不悲不喜。

默更是一種命運的理性。有些事情需要算了吧，凡事得忍且忍，饒人不是癡漢，癡漢不會饒人。不爭是真理，容人為第一。默不是拉長臉不理人的刻薄；默是內心看破嘴裡不說破的一種包容；默是讓所有的苦痛、不平、憤怒、仇恨止於語言更止于行為的強大內心力量。

默更是一種人生深刻的認識。這世間，糊塗人亂心，聰明人累心，修行人靜心。以前，寺院的老師父說過：這天下的事啊，專門找那些愛管閒事的人呢。默就是不看別人的好壞美醜，把所有的關注都投向自己內心的每一個念頭，與其念念得失是非，不如念念清明覺醒。

默是走過熙熙攘攘的一種寂然，是華麗和滄桑兩不相干的一種淡然，是一種內心最深處的念念來念念去的寬闊。默不是一場讓人窒息的落寞，而是做命運的知音，與命運同步的一種步伐。命運不是一場孤寂，而是一種喚醒自我的觀照，點點滴滴絲絲縷縷，把生命安詳落在當下的一種存活。

默，默然，如是。

不要把生活中的一些煩惱認定為挫折，平常的日子，有痛苦就有歡樂。人生路途漫長，有點挫折也是生活的另一種充實。

面對生活，需要一點點勇氣，歲月的磨礪、人情的冷暖會讓自己不自覺地偏離善良的座標。一個快樂的人生首先是一個堅強的人生，或者說是一種積極的人生。

如果簡單地說，人活一回，的的確確活的是一個度量，面對紅塵紛擾世事變遷，遭遇著大家都經歷的遭遇和悲歡離合的糾纏，可以這麼理解，學會饒恕才是做人的第一步。

活在這一百年的生活並不是在接受生活的折磨，也不必要執著得到什麼，也不必要懷恨失去什麼，也無須事事爭強好勝，人生像一枚硬幣，反正都是生活，不同的角度，一樣的獲得。

洞悉人生百態，了知煩惱背後，不必要執著於一切外在，保持每天的生活平淡而快樂。平凡落寞不改其樂才是真正地尊重生活。

遇見溫暖的世界

有些時候，溫暖的世界不見得有多大，有可能它只是一聲善意的提醒、一句體諒的話語，或者是一個燦爛的笑容。我們也不用刻意去尋找溫暖的世界，其實溫暖就在身邊。

生活需要思考，過著每天平淡的日子，沒有人能安慰你的生活品質，也沒有人能賜予你命運的價值。我們對生活唯一的要求，就是友好相隨，生活依舊煙雨重重。你什麼樣的心態就活出一場什麼樣的風景。怕風雨，風雨還在；怕天寒，天又寒了。

人生這一場有限的歲月，是悲涼是豁然，需要的是自己經歷，去歷練。

當你身處人生的十字路口，茫然地看著過往的車輛一輛接一輛地呼嘯馳過卻徘徊不定無從選擇時，行至水窮處，坐看雲起時，便是你沿原來方向繼續向前的一句良言。

當你閒聊的時候無意間觸碰到別人內心的底線時，對方只輕言一句沒關係，便讓你因尷尬緊綳的神經瞬間放鬆了下來。

你渾身濕透從勢若傾盆的大雨中跑向擁擠的月臺，正發愁無立足之地，卻只覺頭頂一暗——滂沱如注的大雨被一把傘悄悄地擋在了外面，你面前也出現了一塊方寸地，而當你抬頭欲說謝謝卻不期遇上了一張明媚燦爛的笑臉，心底的暖意油然而生。

有些時候，溫暖的世界不見得有多大，有可能它只是一聲善意的提醒、一句體諒的話語，或者是一個燦爛的笑容。我們也不用刻意去尋找溫暖的世界，其實溫暖就在身邊，有時是疲累時愛人捧給你的一杯熱茶，有時是你生病時朋友相送的數粒藥片，或者是出門遇雨忘記帶傘偶遇老友遞給你的一把舊傘。

溫暖的世界有多大就在於你心中的溫暖有幾重。你若心懷溫暖，處處便是春天；你若冷眼看這個世界，很可能處處都會對你以冷眼相待。你若心懷慈悲，眾生皆是慈悲之相；你若黯然，充盈在天地間的恐怕也都是惆悵和失落。

既然要從人世間路過，那就懷一顆溫暖的心，去感受所有溫暖的剎那，去溫暖所有需要溫暖的心吧！

人生在路上，活幾分無奈，活幾分苦澀，活幾分心底的坦白。生活更是一門藝術，匆忙人生路，能閒便閒。

生活可以說是一個紛繁的平臺，來得無緣由，去得無根本，生活裡很多問題找不到原因，既沒有標準答案，也沒有完美結局，要學會既冷靜又保重地走過。

生活裡我們總希望完美，有時候甚至擴大、擴散一點點遺憾和缺憾，讓煩惱一次又一次地破壞心情。有句俗話說得好，凡事不必太較真。

生活原本是輕鬆和快樂，本來就不是死要面子活受罪，放下那些執著與負荷——放下不是和生活作對，更不是拋棄生活，可以這麼理解，是把眾人的快樂提起，把自我的成就放下。

菩提達摩來到中國以後，受梁武帝的邀請來到南京。梁武帝問：「什麼是佛教的最高真理？」達摩說：「世間空空，並沒有什麼最高真理。」可以這麼理解：有我，有執著；無我，無憂愁。

淡然與釋然

歲月的舞臺上，有上場就有下場；故事有開始就有結局。一段段的故事，連成了人生；一場場的人生，連成了歲月。人生無須計算那麼清楚，到最後得失是一個等號。

有一天，小徒弟突然問我：「這世間什麼最重？」我告訴他，這世間緣分最重。他又繼續問：「那什麼最薄？」我告訴他，名利最薄。小徒弟要求能不能說得再簡單一些。我回復他：「歲月易過，白頭便知。」

細數這人世間，多少次初相遇都是笑語相迎。許多煩惱，揭開謎底，不過是沒來得及解釋的糾糾結結。念自心窄，也諒人幾分匆忙，多少友好還沒來得及仔細打量，故事的發展已然成各自天涯。

人來這一趟，心底自思量，何苦把自己成為一個愛生氣、抱怨的人？計較了許多，惆悵了一堆，到頭來全是回憶，倒是把挺好的日子活成了一場愁緒無限，病懨懨。

有些人，金榜題名並不是人生最後的結局；有些人，一笑傾城也只是某一刻歲月的定格。命運好端端一場路過，淚流了多少，心辛苦了幾回，到頭來不過就是鬆手了所有的過節。

俗語說得好，時光是一帖神奇的藥。它能讓醜陋轉為美麗，能讓貧窮轉為富有，也同樣能把繁華轉為平淡，能把熱鬧轉為冷清，能把世間的一切逆轉，能撫平所有的傷痛，能忘卻所有的往事。在時光裡，曾經刻骨銘心的，最後也一樣走向遺忘；曾經春風得意的，結局同樣是零落成泥；曾經的愛會變成恨，曾經的恩會變成怨，曾經的美會變成醜……在時光裡，天下有哪一樣敢把自己貼上「永恆不變」的標籤？

歲月的舞臺上，有上場就有下場；故事有開始就有結局。一段段的故事，連成了人生；一場場的人生，連成了歲月。人生無須計算那麼清楚，到最後得失是一個等號。來這一趟人間，一路珍重，承擔起生命裡的悲歡喜樂，去找自己的生路，路在哪裡？淡然與釋然。

歲月如風，所有過往的故事，所有故事裡的愛恨離合成敗得失都會被歲月的風吹散成塵埃，誰的手心裡緊緊抓住的都是一片虛無。那些不該想的多想，被稱之為妄想，除了徒增煩惱，再無用處。

從這個人間路過，四季冷暖的更迭、白雲蒼狗的變幻，命運是悲哀，還是盎然，需要所有的經過者有一份坐看雲起的心態和一種溫暖人心的適度，還要面對沉浮的坦率。

人生人世間，人過人世間，八面吹來的風，煙雨一葉孤舟，憑這一生的悲歡，不是一場經營，而是一場自我心地的寬暢。心在飄搖中覺醒，人生活一場，就在展開的眉頭裡活出一場會心一笑。

人生，濃也罷，淡也罷，無盡意處，風裁塵埃。

延參法師智慧語錄

真正的佛法是讓我們從當下的生活當中尋找到一種快樂的方法，不是賣弄宗教神秘的託辭，也不是尋找一個死後的歸宿。雖然每天都把感謝掛在嘴邊，但傳遞的不僅應該是一份單純的人情，更應該是來自心底的一種慈悲和平和。

生活中，快樂的人一定是一個豁達的人。沒有誰的心不夠柔軟，沒有誰的心不會被感動，生活的方法更應是一種善良的變通，誰委屈了誰並不重要，關鍵在於是否給自己足夠的自尊，尊重生活，放過別人。

生活不是和時間賽跑，更應該給自己留一些時間思索苦與樂、悲與喜，品味生活。擁有了快樂，很多理想有可能結果；失去了快樂，人生就是一場空談。

人生有得就有失，擁有也許是一種簡單的快樂，擁有得太多就變成煩惱的不如意，所以說人生要學會放棄，能夠做到坦然地放手也就自然收穫一種放手的灑脫，無論是社會還是人生。

生活裡，我們不可避免地面對誤解和傷害，一定要淡定地去應對，有了內心的平坦就不必要在乎世事的曲折。心不迷失，苦從何來？

如何生活

人生有多少曲折，也許就需要準備多少柔和。人生就是一場遠行，總會遇見豐富這一路風景的人事物。人生也總有一些辛苦，但總不至於辛苦一輩子。

生活的方法本來就不拘一格，我們不妨就實踐一下開懷大笑的日子。

人世間漂泊，來自內心的寬恕比經驗更加重要得多。面對眼前的世界，我們要做的不是把心如何關上而是讓心如何敞開。

命運對誰都還是一片真誠，但遠遠不是款款深情，有時候還會覺得命運咄咄逼人——這時候更應該思考是不是自己把人生變成了一場一意孤行，或者是忘記了天下事莫爭閒氣。

生命是一場善緣，萬事莫被浮名累，學些大度——大者，大量，大容，大氣，大愛；度者，寬度，溫度，高度，限度。

生活的許多辛苦讓人不忍心去拆穿。許多的抱怨適得其反地加重了惆悵的重量。水中望月霧裡看花地面對這世間的紛擾，東來西去一場忙碌，學會冷靜地認識，世間的路再寬，不如心頭寬。

因為今生需要的不多，所以也不去糾結到底那些去了哪裡，也允許煩惱在這平常的生活裡出現，只是希望偶爾就好。人生的態度很簡單，也從來就沒有打算過會有許多精彩的跌宕起伏。

人生有多少曲折，也許就需要準備多少柔和。人生就是一場遠行，總會遇見豐富這一路風景的人事物。人生也總有一些辛苦，但總不至於辛苦一輩子。

一個好的心態就是生活最好的創造力和推動力。一個人的愉快和幸福，與外在的環境和內容沒有直接聯繫，誰的人生也不是量身定制。未來怎麼樣，未來自然會知道；今天怎麼樣才是最重要。

生活的煩惱是什麼？和煩惱同行。生活的美好是什麼？和美好同行。有什麼辦法讓生活活得更好？煩惱和美好一路同行。李清照的詞裡寫得好：雁過也，正傷心，卻是舊時相識。

生活的煩惱告訴你一個真相，心是如何得了，其實你離快樂很近，就在於肯不肯轉念之間。

要清楚寬容是生活的一種智慧，傲慢和固執得來的結局不過使心態越來越狹隘，還有眼光的越來越挑剔。人也會老，頭髮也白，還有生活免不了跟你開許多玩笑。這世間人來人往，熙熙攘攘，可以說幸運就在你身後，就差你一個回頭。

歲月向前，人生如退。別把人生活成一場急急忙忙的追趕，到頭來卻是身心俱疲。時光悠然，其實是對人生的提醒，學會讓心態慢下來，倦態歸來，莫忘當初心地的初衷。路在腳下，量自己的力量，活自己的命。

對待生活的理解就是對待命運的態度。生活的負累，一笑的釋然。一路走來，活的是對人生的積極認識，並不是一路失落歎息。心態的改變，向暖、向前就是對命運最大的支撐。

歲月穿行，世事無憑，人活著應該是一場緣。有些交錯的悲歡，你也可以理解為煩惱的糾纏，但這一切注定都是擦肩，所有的故事都會歸類為歷史的雲煙。

有網友來問我：什麼是幸福？我的回復：因為得過肩周炎，才明白幸福原本就是能抬起左手打到右臉。因為苦過，所以知足。

人生不是一場比較，連最普通的時間你都贏不了，那麼你還能贏得什麼？所有的結局都不是結局，所有的努力都存在著變數，如果自己的心還不夠寬闊，那麼這就是你一生最大的工程。

從容應該是人生的一面鏡子。有朋友們分享你的快樂，你便快樂。能讓那些煩惱儘快消失，就是你這一生最大所得。

生活裡有句俗語：我敬人一尺，人敬我一丈。自己的自尊和快樂，來源於自己的主動和高度。在給別人充分尊重的時候，你已經盡善盡美地做好了一件事情。

人生的悲歡炎涼不能當作自己抵擋煩惱的藉口，因為它既化解不了悲傷，反而更添悲傷。人生不是對比，活自己那份心情。蘇東坡有兩句詩可以玩味：秋花不比春花落，說與詩人仔細吟。

人生如流年，快樂看生活

生活裡煩惱也好，平淡也好，簡簡單單、輕輕鬆鬆，給生活定一個底線。脾氣大傷肝，所以脾氣要小；挑剔多傷心，所以不挑；嗓門兒會累肺，所以心平氣和。

生活裡會有各種各樣的苦澀，青春一樣躲不過。青春也不是簡單的經歷青春的形式，它必須經歷那些驚心動魄的經歷，也不要在意青春是不是孤單，因為青春本來就是一場勵志的故事，命運不棄，信念不離。

生活的心態決定著生活是不是豁達和敞亮，當然命運不是一種煎熬，命運的意義在於樸素而快樂。這一生，這青春就做一個快樂的志願者，做一個命運的溫暖者，做一個幸福的傳遞者，在幸福裡經歷所有的造化。

幸福不是一場盲目的追逐，它可以理解為自我的定位；幸福不是為了讓世界關注你，而是在幸福裡經過。如何去理解眼前的世界？青春的意義應該是用一種積極樂觀的心態去友好那些陌生人，或者說是去開拓身邊的世界。

幸福不是一場辛苦，但是卻一定會迎接辛苦。人生這一場風雨兼程，可以理解為一場領悟。如果把命運理解為一種思考和發現，那麼更應該客觀地認識自己，突破自我的成見，不辜負一場青春，活出自己人生的創意，快樂就是人生的一種健康形式。

人生的經歷是一個故事，人生的意義就在於付出與理解，放棄那些怨天尤人的藉口，包括那些憤怒和成見，生活的快樂來自你對生活的關心程度和品質。

生活裡煩惱也好，平淡也好，簡簡單單、輕輕鬆鬆，給生活定一個底線。脾氣大傷肝，所以脾氣要小；挑剔多傷心，所以不挑；嗓門兒會累肺，所以心平氣和。

如果說生活面對許多選擇，那麼需要學會舉重若輕。急匆匆趕路，生活必定是一場辛苦。該退的時候退幾步，可以保留生活的優雅。

青春的經過裡，免不了掉一些眼淚，如果不能在煩惱裡及時清醒，那麼痛苦會格外地長。既然青春是一種形式，那麼它更應該是一種快樂的存在，或者可以理解為積極樂觀健康的精神狀態。

生活本來沒有什麼顏色，你的心情好，生活就是一場喜劇；你的悲觀和失落，生活就是一個悲劇。我們來理解一個詞，叫作回頭是岸，每一天都是一場覺醒，每一天也都是一回新生。不要說什麼失望，其實一切才剛剛開始。

什麼是命運的成功？它經歷生活的種種苦惱，是對生活溫暖的一種感覺，或者說是苦惱煩憂中的協調。有信念的人生對命運是一種謙虛，更是一種清醒，能讓人生活一場不脆弱、不驕傲、不沮喪。一個好的生活品質就是最好的成功人生。

生活裡首先要發現自己在哪裡，人海茫茫裡不孤獨，生活更需要幾分信任，更需要幾分潑辣和豁達。本來就是健康的青春，又沒得什麼疑難雜症，何苦那麼矯情？每個人的生存都應該是一場善意的友好、溫和的溝通，不管是在眾目睽睽下，還是在自我獨處中，都應該擁有的一份風度和氣質。

生活的起起落落，可能得不到足夠的安慰。人生的失敗是懦弱，人生的傷痕是放棄。青春應該有一種快樂勇敢的氣質，這不光是青春的一種表現，也可以理解為是青春的祕密，也可以理解為是青春的生活態度，不可輕率，不可馬虎。

要從煩惱的糾纏中生活出一種簡單和快樂，讓信心成為一種感化力，傷感誰都會，但是要掌握好一個限度，不要讓命運走向負能量的極端。

生活的真諦是什麼，別說沒見過，別說不知道，它就在你每天的生活裡、快樂的認識裡。人生的苦和快樂並不是一種矛盾，而是一種真實的協調和平衡。快樂和美好處處都在，人生腳步匆匆，不要缺少了發現。

延參法師智慧語錄

不必要懷疑快樂很遙遠，呼吸還在，快樂就在，它用不同的形式存在，就如同你和世界，你笑世界未必笑，你哭世界未必哭。世界感動你，在瞬間；你要感動世界，卻要用盡一生的光陰。每個人的悼詞都充滿了美好，原因就在這裡。

每個人都經歷著生活的顛簸、煩惱的陷阱，由於人生沒有時間去預算，不管你是一個合格的導演，還是你來到人間壓根兒就是客串。最美的生活是講幾句真話，省去了打草稿，也省去了幾分辛苦，也省去了幾分預謀。

不必要苦苦思索過去的失落，也不必要浪費心神去考慮未來的精彩。如果悲傷，那麼請抬頭，能抬頭就是美好。

生活在煩惱困擾中，沒有人會去指點你如何把握人生，命運是由自己主宰，從古到今，也沒有誰是苦惱的代言人。化解了怨恨，就是重生；化解了誤解，就是灑脫。

也許我們這一生並沒有得到別人手中的那些好運氣，如果怨天尤人，那麼更是一種另外的悲哀。既然沒有人確定你的失敗，那麼不妨肯定你自己。人生悲喜在一念，好好活著，說不定生活會賦予你什麼價值。

走進武夷山

品味生活、品味歲月、品味人生，從新開始，更要從心開始。空杯以對，用一個寬闊的心、開心的心來裝下這個人間，來裝下生命中會遭遇的一切，來迎接迎面而來的所有緣分。

紛繁的世事，一浪又一浪地衝擊著生活的邊沿。沒有誰可以游離於生活之外，也就沒有誰可以避得開生活的千般磨礪。可是，生活不要總是看煩惱想煩惱，咀嚼煩惱只會加重煩惱。學會善待自己，帶上一份放鬆的心情，去天地山水間把心靈徜徉。

武夷山被譽為「奇秀甲東南」。「三三秀水清如玉，六六奇峰翠插天」構成了奇幻百出的武夷山水之勝。三三秀水，說的是曲折縈回的九曲溪；六六奇峰，則是姿態各異的三十六峰。在這裡，山與水詮釋了剛柔並濟的完美。山繞水轉，水貫山行，九曲溪貫穿于丹崖群峰之間，如玉帶穿珍珠將三十六峰、九十九岩連為一體，形成「一溪貫群山，兩岸列仙岫」的獨特自然美景。由於水繞山行，山臨水立，仰角適中，灘潭交錯，山不高有高山之氣魄，水不深集水景之大成，身臨其間，有如漫步奇幻百出的山水畫廊。

坐在最古樸的竹筏之上，耳邊是清清溪水的輕輕柔歌。環顧四周，綠樹丹山；抬頭仰望，藍天白雲；俯身凝眸，水天成趣。坐在筏上，隨流而下，沿途只見一座座奇峰相疊、嵌空而立，時而是如旌旗招展高低相錯的山巒，時而是如萬馬奔騰氣勢磅薄的岩峰，一幅幅絕美的山水畫面占滿眼眸。

如果說，山是武夷山的錚錚鐵骨，水是武夷山的婉轉妙心，那麼，茶便是武夷山的悠悠深思。

平常說的，柴米油鹽醬醋茶，還有筆墨丹青詩詞書畫茶，可見文雅中有茶，日常生活中也離不開茶。所以，茶是生活的紐帶，茶是生活的伴侶，茶是生活的知音。有茶，就有美好的生活。

生命離不開茶。生命是一種分享，也是一種關懷、一種和氣、一種理解，又是一種平常的旅程，也是一種經歷過磨難後的淡然。所以，人生如茶。茶是一種分享，有好茶請別人一起喝，所以是一種分享；茶也是一種理解，邀上三兩知己共同品茶談心，所以茶是一種理解；茶也是一種淡然，該忘的忘，該放的放；茶還是一種文雅，茶也是一種尊敬，來客就請喝茶，這個「請」就是一種尊敬。所以說，人生如茶，生命如茶。

品味生活、品味歲月、品味人生，從新開始，更要從心開始。空杯以對，用一個寬闊的心、開心的心來裝下這個人間，來裝下生命中會遭遇的一切，來迎接迎面而來的所有緣分。三杯茶過去，把往事送遠；三杯茶過去，讓未來要來。未來在哪裡？未來已經在腳下。迎接新生活，品好茶，存好心，說好話。

人生如山，人生如水，人生本就是山一程水一程，用一顆欣賞的心去走、去看、去讀、去品，高高低低曲曲折折都是風景。人生如茶，沉沉浮浮才能清香四溢。常去山水間走走，常把清茶捧在手心，眼裡看到的是風光，口裡喝的是香茗，心頭卻是從容和淡然。

人生是一幅流動的風景畫，人生是一杯甘苦交替的清茶，雙腳走過的是山水，也是歲月，但是人生並不是在光陰中走向老，應該是在歲月的流逝和世事的磨礪中把自己的生命走向開闊、走向寬廣、走向明朗。用一個好心情去品人生這杯素茶，去走好人生這趟山水旅程。

延參法師智慧語錄

每個人生活在社會中，往往擔憂自我個性的消失，總想與眾不同，總想把自己和別人區別開來。其實，這完全沒必要，因為一個人的個性更應該是擔待和包容。如果說生命是一場幫助，那麼我們每個人都是別人的翅膀——人生是一場相互的扶持，也是一場相互的陪襯。

面對生活送給我們的種種苦澀，我們不妨給自己說幾個笑話，讓自己快樂。生活的道路曲曲折折，每個人背負著自己的負擔，無論是坎坷還是災難，需要的是自己的一種解脫。糾纏你的是你的執著和猜疑，解放你的只有你的輕鬆與放手。可以這麼說，生活的道路並不難走，患得患失和斤斤計較加重了生活的痛苦和負擔，干擾你的平靜與安詳，就算所有的困難像鱷魚，你是從橋上路過，更沒必要亂了方寸、慌了手腳。

第六章　不完滿才叫人生

抬頭看看窗外那些枝繁葉茂的大樹吧，它再繁茂，枝葉間也留有空白，讓風穿過。俗話說：金無足赤，人無完人。既然我們的人生注定是不會完滿的，何不放寬心胸退後一步，讓人生適當留下一些空白呢？

命運的慈悲

所有的酸甜苦辣不過是生活為了練心拋出來的一件件道具。接得住，生活是你舞槍弄棒的大舞臺；接不住，它是天上掉下的石頭，砸你個鼻青臉腫。

人有悲歡離合，月有陰晴圓缺，此事古難全。一句傳唱千年的蘇軾詞，道出了千百年來人生的真實面目。孤獨和苦難、別離和悲歡，沒有誰能倖免，更沒有人能逃避，生活也從來不會因為誰想逃避就讓一切逆境遠離。而生活的真相並不在於路如何曲折，而在於如何去經歷，如何去生活。

不要相信天地之間會有什麼外在的力量能減輕痛苦，除了內心的力量，所有的傷和痛只能自我治療。如果懂得尊重生命，尊重生活，就不妨學會承擔，真正地承擔起自己生命的重量。如果是一場傷痕累累，不要埋怨是命運的捉弄，是自己還沒有學會如何生活。

有人說，參差百態是幸福的源泉，同時也是痛苦的源泉，歸根到底，是生活的本源。可以說，生活是瞬息萬變的，生活是冷暖無常的，生活是千奇百怪的，遭遇什麼樣的生活都無須大驚小怪，因為生活永遠只有你想不到的，沒有它發生不了的。可是，苦苦尋覓的幸福不也可能就在那下一秒的未知之中嗎？

古語說，禍福相依。誰能料到淚水過後會有幸福在等待？誰又能相信歡笑之時痛苦已發芽？而真正地去衡量所謂的禍與福，又哪裡有固定不變的標準？就像命運中的那些順境逆境。如果用堅強和豁達去面對和度過逆境，逆境將是幸福的階梯；如果用得意和狂妄去面對順境，順境將是災難的外衣。

生活中所有的泥濘從來都不為難誰，真正的泥濘是內心的糾結不定，命運所考量的不過是你眼界的長短和心地的寬窄。就算世事紛擾亂花迷眼，相信煩惱迷不住心眼，生活在一場內心的不急不躁不怨不恨，這才是命運真正的期待。

所有的酸甜苦辣不過是生活為了練心拋出來的一件件道具。接得住，生活是你舞槍弄棒的大舞臺；接不住，它是天上掉下的石頭，砸你個鼻青臉腫。別管生活有多艱難，給自己一份勇氣，命運就不會貶值；讓自己的心地光明、胸懷敞亮，命運裡所有苦難都會向你祝賀、向你致敬。

一個人如果把人生寶貴的時間用在和這個世界斤斤計較上，那麼這是一場自我的禁錮，甚至是一場命運的不幸。如果內心還有對命運的埋怨，還有對苦難的憎恨，那麼這真的是沒有理解命運，沒有讀懂苦難。

用自己最真誠的心態去和命運合夥，而不是與命運為敵，相信每一次的淚水都是為了洗淨內心的塵土，相信每一道傷痕都是成長的代價，相信命運是站在最高的高度等待著與你的會師。唯有在生活的重重考驗中練就了無畏的堅強、無我的善良才算達到了命運的高度；也唯有在這樣的生命高度上才能真正地理解命運、才真正地讀懂苦難；也唯有此時才真正地領悟：原來所有的苦難，都是命運一番用心良苦的慈悲。

延參法師智慧語錄

人生的價值不在於你在人生道路上扮演了什麼角色，在於你對人心善良的一種堅定和信念。萬千繁華，過眼雲煙。你認為你是什麼，那麼你恰恰丟失了什麼；你認為你得到了什麼，應該這麼理解，你恰恰失去了什麼。

有人來問：什麼是鑽石的意義？就如同每個人的心底都裝著自己的故事，不同的理解就有了不同的結果。鑽石到底是什麼？是石頭，也非石頭，不過是每個人心頭的一份意念罷了。

面對每天的生活，無奈也好，等待也罷，眼高也行，俗話說得好，眼高手低也是常有，生活不過就是聚沙成塔。古語有句話：勿以善小而不為。生活就是一場積累。

生活中難免有坎坷和無奈，稍不留神，你就成為煩惱的走卒，不必要營造心的囚室，很多年以後，才會真正地明白：生活的平凡才是生活的真諦。

煩惱的本質是非常殘酷，它會讓你的傷害更加傷害，會讓你的苦澀更加苦澀。恰當地說，生命是一場征服，用寬容征服懷疑，用溝通征服誤解，用理解化解距離。

天涼好個秋

這個世界上最值得我們用盡一生去熱愛的就是生活。不是寂寥的感歎，也不是對過往的歎息，一路走來，一路走去，心似滿月，光明清涼。

一層秋雨一層涼，秋風瑟瑟遍地黃。春之朝華，秋之金實，韶光在這個季節見了分曉。路過的，往昔迢迢；風霜處，人事渺渺。抬頭間，卻見一輪明月相伴到今朝，似清冷，更恰似清涼。

生計多怨處，都推給歲月的無情更迭，皺眉處，困擾於那無可奈何的煩惱，卻不曾見那丹桂搖曳，長天遼闊，好一派紅塵故事。如果將一切煩惱推給眼前的生活，推給過往的歲月，那麼，時光之於我們不過是一場煎熬。

任誰也無法拒絕生活的坎坷，任誰也難以逃避種種的煩惱，而這並不是生活對人們的折磨。生活並不是一場煩惱中的苦苦掙扎，更不是一場糾結與計較。如果認為生活是一味索取與要求，那麼不僅迷失了自己，更是對生活的無辜取鬧。

陸游有句忠告：「紙上得來終覺淺，絕知此事要躬行。」一切美好的確就在那裡，需要的是一點努力與付出、一點知足與感恩。當我們不斷地埋怨生活虧待了自己時，反問一下自己，我們為生活做過些什麼。

煩惱本如浮雲，來來又去去，是我們學不會笑看雲煙，只得緊緊地抓著煩惱的尾巴不放，就像癡傻的知了在立秋的午後依然吱吱大叫。生活就是要明白什麼是自己該做的，什麼是自己不該做的。當你對生活滿腹牢騷時，恰恰就是一場顛倒。

天涼好個秋，這個世界上最值得我們用盡一生去熱愛的就是生活。不是寂寥的感歎，也不是對過往的歎息，一路走來，一路走去，心似滿月，光明清涼。韶光在珍惜中變得溫馨，雲煙在淡然中化為迢迢，年年乞與人間巧，不道人間巧已多。這人生少了心計就是收成。

延參法師智慧語錄

不需要看別人，看自己，自己如何看世界重要得多。也許生活是一場忙碌，忙的是手腳，從容的是心地，生活有時候也有幾分無明的煩惱，管它是什麼聲音，都把它當作生命的進行曲，不要在意聲音的來源是什麼，那些都不重要。

在生活裡，我們和別人一樣面對生活的瑣瑣碎碎，一定要找到自己恰到好處的定位。當漫無目的的時候，需要靜下心來思索，需要做好每一件小事情，但是，一定不要給瑣瑣碎碎的生活當了奴隸。

平常心是生活當中的一種平常狀態。不造作、不委屈，它應該是生活的最佳狀態。不放棄、不奢望，經歷生活的每一件小事情，也願意做一些小事情。小小的生活，一樣能活出寬廣的天地。

生活裡有時候你會感覺曲折太多，一定要相信那是命運在和你開玩笑。生活在這個世界上，誰都會面臨無數冷幽默。如果你真正感覺到了痛苦，那麼你就真正輸給了生活。

收穫的人生

秋水無言，月色清幽，給心情一份安靜、恬淡、柔和，讓所有的思緒在命運的淡然中點點染染。

默默地守望歲月，秋天來了，淡然的一汪碧水，淡然的一種心情，少了那些炎夏的煩躁，多了一些沉思的厚重。天空似乎更高遠，流雲清疏飄散，更像是一種期待，那縷月光、那縷清涼，更像是一種心靈的慰藉。

自古逢秋悲寂寥，我言秋日勝春朝。對農人而言，四季之中，最受歡迎的恐怕是秋季。春天是希望的開始，但同時也是耕耘的季節，夏天更是需要在酷暑之中辛勤勞作，冬天是閒暇的休養季節，唯有秋天是最令人期待的收穫季節。

當有人抱怨立秋還有十八個秋老虎發威時，卻不知道農人們盼的就是這十八天的炎熱，因為莊稼正是靠這最後十八天的高溫衝刺最後的成熟，正所謂「立秋晴一日，農夫不用力。」

有經驗的農人總是知道什麼時候需要大雨，因為莊稼到了灌漿的時候；什麼時候需要烈日，因為莊稼到了生長的時期。沒有雨水和驕陽，哪裡會有金秋沉甸甸的豐收？秋天豐碩的果實裡所飽含的是春的細雨和夏的酷熱，更有農人們辛辛苦苦的汗水，每一場的風雨、每一次的炎熱、每一滴的汗珠，最後都積攢成金燦燦的碩果。

而這些，又何嘗不是老天爺給勤勞和堅強的人們最真實的饋贈？人生每一次艱辛、每一場困苦，在你的努力之後都將回饋給你意料之外的收穫。曾經繽紛燦爛的花朵凋謝了，曾經鬱鬱蔥蔥的綠葉飄落了，那些人們所喜愛的美麗遠去了，老天爺卻給大地送來一片收穫的金黃——原來失去是為了更好的擁有，原來人生只要向前看就總有驚喜在等待。

一帆風順的人生是一場僥倖，更是一場不現實的夢遊，或者壓根兒就是對生活最大的誤讀。命運的風雨是折磨了你還是歷練了你？生活的酷暑是痛苦了你還是成全了你？收穫的秋季是讓你哭泣還是讓你歡喜？同樣的處境，成就的卻是天壤之別的生命。正是因為命運沒有拋棄你，所以，你腳下的路注定了高低不平，注定了會絆腳、絆心。

這一場人生的過程，不是用外在的財富或地位來衡量它的價值和高低，而是無論發生什麼狀況，自己都有信心和勇氣去跨越困難。這不是為了讓別人對你刮目相看，只是為了尊重自己正在走過的人生。

生活當中的酸甜苦辣從來都不是生活的虐待，更不是命運給你留的傷痕，恰恰相反，它們都是幸福與快樂的使者——雖然很多人都沒有認出它們的身份。我們每個人都是生活的海洋中漂浮的小舟，你的心的大小決定了這葉小舟的大小。你有多努力、多堅強，你的小舟才會有多大的容量去承載你的幸福。

人生就像一個舞臺，從上場到謝幕，由始至終我們都是自己生活舞臺的主角。從頭到尾，必定悲喜交加，沒有哪個人生故事不是有悲劇也有喜劇。如何走過，如何結局，主要在於自己的編排，不必在意他人的評價和議論，更無須抱怨旅途風雨的頻繁，你的懶惰會讓你顆粒無收，你的善待才是你人生的岸。

秋水無言，月色清幽，給心情一份安靜、恬淡、柔和，讓所有的思緒在命運的淡然中點點染染。

延參法師智慧語錄

人這一輩子在這個世界的價值和意義，簡單到可以用你呼吸的速度來衡量，是否安詳、是否平靜，世界上本來沒有高貴的呼吸，人生在世間，呼吸在此刻，卻是無上的高貴。

我們終其一生都在思考生命的價值。世界創造了我，我卻只是路過。曾經的躊躇滿志到後來不過做了一個看客，留給世界的不過就是輕輕放過。

相信自己的快樂，生活裡不需要過多的解釋，就如同我們學過的古文，簡簡單單的幾個字卻需要大篇大篇地去注解，生活原不該如此。快樂地去活，免了許多解釋。

不管歲月給了我們多少挫折和考驗，能充滿快樂地活著本身就是一種奇蹟。感謝折磨你的命運，和命運反復較量，經歷著破繭成蝶的苦難，堅信這一點：小路能走也是大道。

又見槐花落滿地

時光就在人來人往、沉默或者淺笑中，那些人、那些事隔到了光陰的對面。其實，光陰從不曾厚過誰也不曾薄過誰，生活恰恰就是一種輕鬆和沉重的積澱。

芳菲歲歲，次第花開，季節從來不誤，這是一種最堅定的相約。

槐林五月漾瓊花，鬱鬱芬芳去萬家，春水碧波飄落處，浮香一路到天涯。在這個槐花盛開的季節裡，那一樹樹白色的花朵潔淨、淡雅，不矯不媚，不染纖塵，一簇簇、一串串，綴滿整個枝頭。蜜蜂嗡嗡，空氣中到處彌漫著槐花的清香，給人間一份樸素感懷。

小時候，每逢槐花開的季節，幾個小孩子總是三五結伴，拿個帶鉤的桿子去附近的槐樹上打一些槐花。站在槐樹下，那一片片林蔭遮住一絲絲盛夏裡的浮躁，感受著點點清涼的同時，還努力地抬著頭去嗅那甜香的味道。拿到槐花，總是先把第一把槐花塞進嘴裡，大口大口地吃上幾串。槐花香甜中伴著絲絲清甜，也有那一點苦苦的味道總能被人忽視，在我的記憶裡，回味的也總是那甜甜的味道。

把採得的一大筐槐花帶回家，一般都是在熱水中燙熟了拌成涼菜，或做成餡兒料包包子吃、包餃子吃，但不論哪一種做法，都是上等的美味，吃在口中，滿口清香，回味綿長。

光陰流轉，槐花開了謝，謝了開。多少年過後，那些樸素的記憶，在歲月裡突然成了支離破碎的遙望，甚至那些曾是錚錚諾言的故交也快相忘於江湖了。曾經的執著，慢慢就淡了；曾經的糾纏，也沒能攬住永久，走著走著就散了，一句對不起，不知辜負了多少人間故事。緣起，你在人群中；緣滅，你已在天涯。

流年的光陰，溫習著一場場錯過；歲月的轉角，上演著悲歡離合。人生的經歷裡，常言說命運是一道風景，就算再美也只適合欣賞。或許，學會放開雙手，心才會自由。

徜徉在流年，沒有永遠的快樂，也沒有永遠的傷痛。累的時候記得停下來歇歇，難過的時候蹲下來抱抱自己，寒冷的日子給自己一些溫暖，孤獨的時候為自己尋一片晴空。我們都是紅塵過客，緣來時你在我心裡，緣去時讓往事隨風，學會好好愛自己，因為，你自己才是你的全部。你在，世界就在；你若不堅強，別人的同情又何嘗不是一種歉疚？

時光就在人來人往、沉默或者淺笑中，那些人、那些事隔到了光陰的對面。其實，光陰從不曾厚過誰也不曾薄過誰，生活恰恰就是一種輕鬆和沉重的積澱。

輕風過處，地上落滿了槐花，心頭幾分安安靜靜，花開處、花落處都是生命的源頭、生命的從容。

延參法師智慧語錄

人生活一回，紅燈停，綠燈行，道理非常簡單，人生也不是一場奔跑，爭什麼？搶什麼？人生也不是看古文章，正文看不懂，看的全是注解。

人生路上順境也罷，逆境也罷，沒有那麼多的你死我活，充其量不過就是幽默和冷幽默的區別而已，就算我們被生活幽默了一回，那也是生活對我們的一份善待，感謝還來不及，煩惱什麼？

生活裡有許多讓我們頭暈目眩的詞語，比如說輝煌騰達，比如說永垂不朽，真正的生活簡單到可以與煩惱無關緊要，是煩惱傷害了你，還是你自尋了煩惱。

走過匆忙的人生，千萬不要認為自己的威嚴不可侵犯，誰都有可能遭遇嘲諷、冷語、白眼，如果你感到了傷害，那麼是你自己又送給自己一個多得的煩惱。

改變命運從放下做起。

真誠與友善

讓一顆心總是充滿溫暖，你的包容不會讓自己受傷，你的付出不會讓自己吃虧。別過多地計較自己的得與失，幸福不是算計來的，快樂不是索取來的，讓自己的心越來越寬闊才能容納越來越多的快樂和幸福。

真誠與友善，它們要指向的物件，並不是別人，是每個人自己。

如果「真誠」和「友善」對自己都做不到，就奢談對他人真誠友善。捫心自問：認識自己有多少？真誠地面對自己的內心，看看心中多少念頭是陽光的，又有多少念頭是怕光的。細細地審視自己的每個念頭，你是否可以拍著胸膛說自己多麼磊落？你是否還能義憤填膺地指責別人多麼不應該的過錯？

不要把生活裡那麼多的不應該都推給別人，去看看自己真實的內心。有多少的憤怒是來自自己的狹隘？有多少的隔閡是來自自己的冷漠？有多少的埋怨是來自自己的不理解？有多少的成見是來自自己的不包容？是不是去除了這些自我的缺陷，你的對峙再也找不到物件？你的友善再也找不到可以省略的人？當你對他人友善時，恰恰是對自己最大的真誠。

生活就是一場場的相遇。在任何時間遇到任何人，只要遇上了，便是對的。別管發生什麼，你也無錯，他也無錯，紅塵也無錯，歲月更無錯。我們沒有權利去要求別人如何高尚、如何善良，我們只能保持自己不背離善良，不傷害他人，把人生過得友善，把歲月過得溫和，把生命過得真誠。

別管生活會給自己什麼，一定要時刻檢查自己是以怎樣的心態活著。別去掩飾自己那些並不健康的念頭，你若想瞞騙別人，一定先把自己欺騙了。別再給自己找種種冠冕堂皇生氣的理由，也別給自己找義正辭嚴的傷害他人的理由，這世界永遠沒有什麼正大光明地去傷害、去欺騙的理由。

這世界沒有為冷漠響起的掌聲，也沒有為傷害準備的讚美，當彼此都有缺點的我們相遇時，最需要的只是相互的理解和包容。

如果說要對自己友善，那麼就不要讓仇恨折磨自己，不要讓憤怒燃燒自己，更不要讓冷漠把自己和這個世界剝離。讓一顆心總是充滿溫暖，你的包容不會讓自己受傷，你的付出不會讓自己吃虧。別過多地計較自己的得與失，幸福不是算計來的，快樂不是索取來的，讓自己的心越來越寬闊才能容納越來越多的快樂和幸福。

每一個不善的念頭升起都是對自己生命的不尊重；每一次對自己內心的掩飾都是對自己最大的欺騙。真與不真、誠與不誠、善與不善，從來都不是演給別人看的戲。它不是簡單得誰都能看到的個人行為，是需要自己嚴格檢視的每一個念頭。念念相續，連接的是一個生命的整個旅程。

真誠與友善需要摸著自己的良心去衡量，當一個人對自己的良知真誠時，他的友善才能真正地投向遠方。

人生一回，說它長久也是妄言，說它短暫也是敷衍。一定要認真對待每一次煩惱的產生，因為煩惱它具有不確定的破壞性，破壞生活的快樂幸福和秩序，並且改變人生的座標和方向。人這一輩子，可以說是和煩惱糾纏的一輩子，勝負抉擇，生死攸關。

人生一百年，燭光短暫也罷，煙火一場也罷，胸懷大志也好，目光短淺也罷，不要預設那麼多的目標，人生的悲哀就在於自我的奢望，讓生活成為喜悅，讓故事有個結局。

在歲月面前，我們永遠是一個學生，要學會說「是」，也要學會說「不」。生活可能會帶來歡笑，也可能會帶來痛苦。生活可以幽默地對待你，但是你不能計較生活的過分，可以恰當地說，生活本來就沒有承諾過你什麼，你得到什麼不一定是你應該得到的，所以要思索。

人生只有走過痛苦和煩惱才能得到堅強和智慧，生活裡總有那些或多或少的缺陷，沒有掩飾，非常真實。學會接受真實才是一種生活的藝術和明智。只有懂得了曲折的曲折，你才可能微笑著說：還好，還能應付。

經驗與勇氣

思想有多遠，就能走多遠。你是對的，則世界就是對的；你認為你行，你就行。成功是一種態度，態度是一種心態，心態決定一切。

歲月流淌，人生這一場，如果去尋找現成的經驗，不如說是一句妄想。用生命的堅強活一回生命的昂揚，自己才是自己命運的合夥人，告訴自己的每一句鼓勵話本來就是一次生命的動力。

一個人能否成功，與能力有關、與經驗有關，但是最關鍵還在於心態。心態是命運的控制塔，它決定了一個人是否能夠激發潛能並最終走向成功。

積極的心態是非凡人生的成功起點，是生命中的陽光和雨露，能讓人成為一隻翱翔的雄鷹——選擇了積極的心態，就等於選擇了成功的希望；消極的心態是失敗的源泉，是生命的慢性殺手，使人受制於自我設置的某種陰影中而無力自拔——選擇了消極的心態，就注定要走入失敗的沼澤。

如果你想成功，想把夢想變成現實，就必須摒棄扼殺你的潛能、摧毀你希望的消極心態。其實，我們是自己命運的主宰者，我們自己是自己最大的敵人。世界上沒有任何人能夠改變我們，只有我們自己；也沒有任何人能夠打敗我們，只有自己悲觀的心態能打敗自己。如果不是你去駕馭生命，那麼就是生命駕馭你，你的心態決定誰是坐騎誰是騎師，因為「你的心態就是你真正的主人」。思想有多遠，就能走多遠。你是對的，則世界就是對的；你認為你行，你就行。成功是一種態度，態度是一種心態，心態決定一切。

人生不過百年，我們應該對自己的人生負責，對自己的生命抱一份忠誠，活出自己的輝煌，勇於超越自己。生活裡無論坎坷還是平坦，沒有人會告訴你怎麼做，也沒有人替你做出決定。人生走過去，自己必須走出煩惱的圍牆。勇氣比經驗重要，心態比能力重要，勇氣是最好的經驗，心態是最大的能力。

我們走在生活裡，總想找到生活的捷徑，總想找到幸福的出口，有時卻產生許多迷惑，總以為付出的已經夠多，得到的快樂卻是那麼吝嗇。

生活本就有它自己的規則，我們沒有能力去讓它完美，只要勇敢地前進，也就是人生的軌道和方向。

胸懷的寬窄決定著你在人生道路上是豪邁還是崩潰，命運本來就是一個無語者，它沒有一個固定的答案，卻有一個你喜歡或者不喜歡的結果。

要認真對待自己的每一個日出日落，煩惱隨時都在，也可能隨時在你的心裡安營，要認清楚煩惱的有效期很短，要破除每一個煩惱很容易，要消除煩惱的連結卻很難。心地需要時常掃拭，恰如我們時常用的清掃垃圾的軟體。

生活不是設計，它沒有固定的旋律，堅強的心面對困難可以化為烏有，豁達的心可以讓快樂隨從生活左右，不要讓煩惱長成參天大樹。苦樂歲月讓所有的煩惱只是毛毛雨，跨越命運的欄杆，的確需要你的心靈有一定的高度。

內心的苛刻會把所有的簡單變得複雜，生活中的一切都是生活的一部分，不是你的原本就不會和你擦肩而過。如果讓那些煩惱擴散或者感染，那麼命運可想而知。

做生命的合夥人

別說生活欺騙了誰，生活永遠不會欺騙誰，只有自己欺騙自己。不認識這個世界的嚴峻，這叫幼稚；認識並接受世界的嚴肅，才叫成熟。

年輕時，許多人都曾懷揣著改變世界的夢想熱切地投入生活，只是那時真的是太年輕太幼稚。後來，漸漸發現很多事情都不是自己想像中的那麼簡單，曾經的凌雲壯志、曾經的豪邁誓言、曾經理想抱負，與現實生活越來越遙遠。

或許，更多的人最終選擇放棄愛好、壓抑天性，做著自己並不喜歡的事情，許多的人甚至不敢擁有夢想，任由自己隨波逐流。但是，夢想原本是不可怕的，讓人望而卻步的是為夢想所付出的代價。也許，為了夢想，要違背父母的意願，要承受種種阻力和壓力，更要付出常人難以想像的努力，而結果還是並不知道夢想會不會成為真實。為了一個不知道結果的夢想，多少人選擇了放棄。

當然，沒有夢想也並不意味著就是壞事情，生活平淡也同樣可以享受平靜。人生就像是撒網，你撒在哪裡，收穫就在哪裡。那些心中有夢想的人，為了追夢，走過許多艱辛的路途，受過許多難言的痛楚，嘗過許多酸澀的辛苦，但是，無論結果是什麼，終有一天，他們會發現追夢的意義和收穫恰恰就在路上，並不在結局。

這一路上對心志的磨礪早已把曾經空空的心塞得滿滿的，這是對人生、對命運真切而又深刻的體悟。所有的悲喜都那麼有意義，所有的記憶都變得那麼美麗，你看到了自己一個豐富的、多姿多彩的過去，就連那曾經的淚珠都閃爍著奇異的光芒，給人喜極而泣的感動。

如果自己的生命裡沒有留下過痛苦的痕跡，沒有留下過百感交集的哭泣，在回憶裡沒有讓自己熱淚盈眶的往事，這樣的生命彷似白白地走過這一回人世。

生活本身就是一場歷練，既然不期望自己的生命是一片空白，就無須拒絕生命中的風雨磨礪。在經歷中成長，在痛苦中堅強，沒有誰的道路可以避得開滄桑。

如果你還在埋怨生活的種種，那麼你還沒有真正地學會生活，沒有真正地不如意過，甚至沒有真正地痛過。唯有經歷過苦痛的人才會不再拒絕苦痛，因為經歷過，所以不再懼怕。

別說生活欺騙了誰，生活永遠不會欺騙誰，只有自己欺騙自己。不認識這個世界的嚴峻，這叫幼稚；認識並接受世界的嚴肅，才叫成熟。所以，你幸福不幸福或是快樂不快樂都與這個世界沒關係，一切都在你的「心」的掌控之中。

你懷疑世界，是因為你不瞭解世界；你懷疑生命，是因為你不瞭解生命；你懷疑自己，是因為你從來都不曾瞭解過自己。

某一天，歷經世事後，回頭看看自己曾經的「改變世界」的誓言是多麼天真，可是，那又何嘗不是一種對生命的熱愛、對生活的熱忱？只是，若有改變世界的理想，請先學會改變自己，如果連改變自己的能力都不具備，那麼改變他人乃至改變世界就只能是空談。

每個人都會改變，若不曾改變，反倒是一種失敗。這一趟人生的確應該學會去改變世界，但是，不是外在的世界，而是自己內心的世界。別把失敗推給眼前的世界，說什麼是世界改變了自己。這個世界不需任何人的改變，也不會去改變任何人，一切的改變都來自自己。

世間沒有什麼原因能把你改變，真正改變你的是你的貪念和執著、猜疑和嫉妒。生活是一場自我的解脫，真的沒有人能贈送給誰輕鬆。人生的路本來曲折，如果自己再迷失了方向，那麼等待你的又是一場跌落。

請相信，從始至終，我們需要去改變的只有自己，而這又何嘗不可以是一個等待著自己的努力去實現的理想？世事紛擾，什麼都可以改變，生命裡的那份擔當、那份坦蕩、那份善良、那份陽光，不能改變。

只有你是你自己生命的合夥人，不是別人、不是生活，更不是世界。做一個有擔當的你自己生命的合夥人，不背離善良，不淹沒夢想，不捨棄對美好的信仰，不虛擲寶貴的時光，生命的輝煌就是來自你對生命的擔當。

生活裡需要有方向，需要有目標，也需要那份自我的規範，如果可以這麼理解，生活就是活在生存和思想裡，缺一不可，在平常的日子裡，簡單的平凡要比那些遠遠的奢望實在得多。

生活中的完美原本就不存在，如果你渴望完美，你已經違背了自然，用一顆平常心去對待生活，你會發現風景無處不在。淡然的確是一個好去處，也是心情的另一種自在。

生活裡，我們希望得到安詳和自在卻管不住我們那顆好奇的心，每個人都有自己的一個夢想清單，人生的煩惱記錄得歷歷在目，那麼多的想知道，恰恰就是煩惱的來處。

生活裡，最大的煩惱並不是懷疑和失去而是麻木和徘徊，心態的不同造就了許多人生的不同。自己能被自己感動才是生活裡最大的富有。

人世間

生活裡不是用眼淚來增長智慧。如果給生活一個淺淺的定義，生活應該就是從狹隘走向大眾，從索取走向分享，從自我走向豁達。

看人世間，紛擾浮華，多逐名利。心煎熬，何時罷；生命短，凡事多。何時看透過，從此更瀟脫。我們欣賞人世間所有的善良，縱然歲月匆忙，記憶裡還是留下許多溫暖和感動。稀釋那些心頭的悽惶，如此，人間也有了希望。

這人世間一個「貪」字，多少人為你而失魂落魄？多少人為你而鋌而走險？又有多少人為你而身敗名裂？一念「嗔」心起，百萬障門開，又有多少人為你「恨由心頭起，惡向膽邊生」，造成了多少悔恨的泣淚？人生一程，喜怒哀樂，南來北往，愛恨情仇。忙如蜜蜂，只為糊口。看來想來，雲煙一場。

曾經的我們一度以為自己捨棄了欲望，灑脫地放下了人世間的一切貪婪，會得到心安理得；一度以為這樣心會得到釋放，會得到超脫；一度以為隨遇而安、知足常樂，而我們就會幸福。而到後來，欲望與貪婪沒能放棄，隨遇而安和知足常樂也並不容易。

禪是一種心的平坦、心的空閒、心的恬淡、心的寬闊、心的淡然、心的更新，也許什麼也不是，只是心地的乾淨和自然。也就是它，給了我們無上智慧的萬丈光芒，照亮了欲望與貪婪的灰暗，消融著人世間的愁苦。

回頭過去，愁也罷，苦也罷，到現在，在哪裡？一切都化作雲煙。雨雪還在，故園依舊，人間依然，回味悠遠。人世間，安好！

快樂是一種氛圍，更應該說是一種心靈的環保。沒有誰能主宰誰的命運，煩惱的確能摧毀和改變一個人的生命軌跡。

人生路上，我們可以不去高貴地微笑，但是我們不放棄簡單的快樂，減少大腦的運轉，增加人生的積極。明明白白告訴自己，命運裡自己不成就自己，到哪裡也找不到天使。開心一笑，自己永遠是歲月的孩子，微笑裡乾淨、純真。

生活裡不是用眼淚來增長智慧。如果給生活一個淺淺的定義，生活應該就是從狹隘走向大眾，從索取走向分享，從自我走向豁達。

檢驗一個人的生活品質就看他發出的脾氣是多少，發出的微笑是多少。

在生活裡，原諒和計較永遠不要錯位，計較過去是延續了煩惱，原諒雖然不能改變過去，但的確能寬鬆現在和未來。如果能真正地原諒，說明自己又是一次內心的強大。

幸福想你了

別和自己爭吵，爭吵會影響自己的心情；別和命運爭吵，爭吵改變不了它的走向。無計較之心，心常愉悅；盡心之餘，隨緣起止；隨遇而安，知足常樂。

人活著似乎就是為這些尋尋覓覓，無論做什麼，無論將做什麼，出發點都是為了幸福。那麼，什麼才是幸福？對於幸福的內涵，不同的人有不同的理解和感受，但所有的理解和所有的感受都離不開充實的生活。其實，能夠充實地度過這一生便是最大的幸福。

生活需要適時地糊塗。人可以真實地活著，但不要太認真。俗話講，水至清則無魚，人至察則無徒。完美主義者最大的悲哀就是活得不真實，用幾乎完美的標準要求著別人，也要求著自己，活得既辛苦又惹來無盡的煩惱。人之所以快樂，並不是因為擁有得多，而是因為計較得少。樂觀的心態來自寬容，來自大度，來自善解人意，來自與世無爭。人生沒有完美，想通了、想開了就是完美。

現實才是最真的真實。在現實的世界裡，有悲歡離合，有苦辣酸甜，有煩惱困惑，有解脫自在，能從中領略出人生的真諦，能夠幸福快樂地活著才不枉此生，那些脫離現實的幻想是無益的。什麼都追求好是一種積極的思想，卻不是最好的活法。適時地糊塗，你會從中獲得很多喜悅和快樂。

若要快樂，就要隨和；若要幸福，就要隨緣。快樂是心的愉悅，幸福是心的滿足。別和他人爭吵，爭吵會傷害彼此的感情；別和自己爭吵，爭吵會影響自己的心情；別和命運爭吵，爭吵改變不了它的走向。無計較之心，心常愉悅；盡心之餘，隨緣起止；隨遇而安，知足常樂。你隨和，愉悅的是自己的心；你計較，煩惱的也是你自己。一天的心情靠隨和，一生的幸福靠知足。

幸福的人懂得怎樣控制自己的情緒，不會讓消極情緒控制自己。當一個事情看起來可能對自己不利的時候，幸福的人會從積極的方面來考慮——他們堅信再糟糕的事情也有好的方面。我們高興或悲傷，不是因為我們身處何種境地或者遭遇何種境況，而是我們會用怎樣的心態去面對它。其實，幸福就來源於我們的內心。

人生的境界說到底是心靈的境界。若心亂神迷，無論你走多遠，你皆捕捉不到人生的本象，領略不到有韻致的風景。唯有心靈的安靜，方能鑄就人性的優雅。這種安靜是得失後的平和，是面對誘惑的恬淡，是面對困苦的從容。笑對這個混濁的世界，慢慢地去看清、看透、看穿、看淡這個漫長的人生路。

用樂觀的心看世界，世界無處不是美好；用悲觀的心走人生，人生無處不是灰暗。給心靈留一片純淨的沃土，對人世間的是非長短不疑不議，就像被風掃過一樣純潔、單純。用一顆簡單的心看世界，你也就自然而然地理解了生活。

人活著最大的樂趣就是從痛苦中尋找快樂。不要為了任何人任何事折磨自己，比如煩惱、傷心、自閉、抑鬱，這些都是傻瓜才做的事。學會承受痛苦。有些話，適合存在心裡；有些痛苦，適合無聲無息地忘記。當經歷過，你成長了，自己知道就好。很多改變，不需要你說，事實就在那裡。

因為看開，所以快樂；因為看淡，所以幸福。我們都是天地的過客，很多人、很多事，我們都無法做主，譬如逝去的時光、千變萬化的人心。「心」字三個點，沒有一個點不往外蹦，你越想抓牢的往往是離開你最快的。人生還是一切隨緣好，緣深的多聚聚，緣淺的隨他去。人生，看開多少，快樂就會增加多少；看淡多少，痛苦就會離開多少。

弱水三千，只取一瓢，知足就是幸福。大千世界，求無止境；苦海無邊，回頭是岸。過眼繁華三千，轉眼皆如空幻。受得苦中苦，才能享得福中福。心有餘閒，每天都有幸福；心有所盼，懂得止步於緣分的盡頭，回頭必是萬里晴空。人生苦短，名利冗長。從古到今，多少富貴隨人去。知止而後安，放下便是福緣。

世上沒有絕對幸福的人，你感覺幸福它就幸福。與其用一個怨恨的心看世界，不如用一顆快樂的心經歷人生；與其用一個詛咒的心看人間，不如用一種欣賞的心生活。擁有一顆快樂的心，你見到的都是草長鶯飛；心中滿是憂傷，你見到的就都是肅殺凋零。

幸福無時不在，幸福無處不有，只要你細心感受，幸福就在每時每刻等你。

快樂是一種人生的動力，也可以說是一種生活的影響力——能給熱愛生活的人提供正能量。我們總不能為心頭的一點點憂傷而否定整個世界，更不應該以自己的一點點不幸而懷疑生命。人活一回，沒有瓷器那麼嬌貴，磕磕碰碰總是難免，自從有了包容就有了文明。

有一句俗語說得特別好，人生在世笑口常開。簡簡單單的歲月，何苦活得陰雨連綿？你尊重了生活，生活給你自由；你懷疑了生活，生活一定讓你比任何人都哭得難看。

人生其實也沒有什麼固定的追求，渴望著什麼，苦惱著什麼，既然想要什麼，那就努力爭取什麼，不出賣自尊，什麼都好說。

生活裡一定要明白自己活著的價值。如果狗跳到你懷裡，那是不討厭你；如果貓跳到你懷裡，很簡單，那是怕冷。不要把自己想得多麼高貴，不過就是小貓小狗的歸宿。

可以這麼肯定，人生平等，誰也沒有輕視誰的權力。來到這個世界，誰也沒有放棄努力，面對的都是大事情，走過去的都是小事情。

善良的力量

善良是自己心地與世界的對接，善良更是最真實的自己。善良是一種理解，也是一種尊重，更是一種生命的力量。用善良去對待這個世界，你的生命裡會有用不盡的正能量。

人生百年，做的是人，不是給煩惱做影子，不是給仇恨做囚徒，不是給名利做奴隸。既然活著，就要實實在在地活，領導著自己的命運走向光明和寬闊。

生活不是挑剔別人的不完美，是多檢查自己的失誤和不足；不是感歎自己的不順心，是多感悟眾生的苦。如果雙眼只看到自己的一點點不如意，心裡想的全是個人的一點點得失，完全看不到別人的艱辛，想不到別人的難處，就已經是偏離了命運的座標。

任何時候，命運的座標都是善良，絕不是自私，不是一味地以自我為中心。

善良是什麼？是心靈的燭臺，是生命的亮光。

在《悲慘世界》裡，主人公冉阿讓的一生是悲慘的。為了饑餓的姐姐的孩子們，他偷了一塊麵包，代價卻是十九年苦役。重回社會，他受到的是歧視和白眼，再次沒有工作沒有飯吃。青春流逝了，連同人的尊嚴也流逝了，冉阿讓發誓要報復社會。

與其說冉阿讓是悲慘的，不如說他是幸運的。在他發誓要報復時，他遇上了改變一生命運的主教。主教沒有一句言語的教化，只是用自己一顆善良的心給了他尊嚴，以貴賓的待遇招待突然到來的冉阿讓，並與其同住一間房間——當然，這還不足以感化內心被仇恨填滿的冉阿讓。

不辭而別的冉阿讓順手拿走了主教簡樸房子裡唯一貴重的物件——銀質餐具，卻在第二天一早被員警抓住，並被送回主教處核實。主教平靜地否認了冉阿讓偷竊，並「埋怨」冉阿讓：「我昨天送給你的，除了餐具，還有一對燭臺，你怎麼忘記拿了？」隨後，他親手把燭臺交給了冉阿讓。冉阿讓以無罪釋放了——他的心也徹底釋放了。

當主教把燭臺交付給他時，他深深地被感動了。他接過的不是燭臺，是一種毫無雜質的愛，而他後來也用一生去踐行並傳遞人性中的寬容和善良。從此以後，即使他命運依然坎坷曲折，他也真正地遠離了悲慘。從他心裡的燭臺燃起光亮之後，他的命運就再也不悲慘了。

後來，只是為了救一名素昧平生的貧窮工人，只是為了不再違背自我的良知，只是不再為自身的任何利益傷害他人，他平靜地做出放棄一切地位、財富和聲譽的決定，平靜地在眾目之下坦承自己不再是受人尊敬的市長而是一名苦役犯，平靜地摘下榮耀的光環走進灰暗的囚房，乃至最後平靜地在孤獨中離世。一切言語與行為都是那麼平靜，卻給人的心靈以深深的震撼。

冉阿讓什麼都能割捨：財富、榮譽、地位乃至親情，唯有那對燭臺伴隨一生。但是，他再也沒有怨，更沒有恨。善良不僅給了他前行的光亮，也給了他度過一切困苦的力量。他的世界早已是一片明亮，更是一片寬廣。他勇敢地犧牲了自我，卻成就了一種高尚的自我。

命運的悲劇不是你經歷了多少的苦難，而是在生活的沉浮之中讓心靈沾染了厚厚的灰土，忘卻了良知就是遮蔽了心的光明。真正悲慘的不是經歷，是沒有光明的心靈，甚至可以嚴肅地說，從來都只活在自己世界的人等於沒有活過。

走過風雨滄桑，多少人懷疑了善良？面對生活的許多缺憾或者尷尬，多一些友善，多一些柔軟，相信心態是一種力量，它能讓人無限樂觀，能讓人充滿希望。不要把慈悲當成一種負擔，慈悲是命運的最後歸宿，人心向善，天下皆善，不容置疑。

千萬別以為你的善良、你的幫助是在救贖他人，恰恰相反，越是去除了自我的付出越是一種自我的救贖。平常生活裡，你還感覺不到善良的力量；一旦生活起了風波，若不懂得以善良做導航，你便容易讓迷茫中的自己引向痛苦的遠方。

善良是自己心地與世界的對接，善良更是最真實的自己。善良是一種理解，也是一種尊重，更是一種生命的力量。用善良去對待這個世界，你的生命裡會有用不盡的正能量。縱然善良需要付出很多，但是，終有一天你會發現，所有為善良而付出的代價都是值得的。

這世上千人千面，連樹葉都找不出完全相同的兩片，但是，每個人心中的善良卻是無二無別一模一樣。就像一棵樹，我們都是樹上的葉子，雖然各自生長各自飄零，但是，樹根卻是同一棵。生命的根就是善良，如果沒有善良，生命的繁衍幾乎毫無意義。

萬象世界，看似大千，本是一家，哪裡分得清你我他？都是在生活的浪潮裡沉浮，都是在漫漫的旅途中跋涉，都是在風雨兼程中飄搖。命運是一條長路，山一程水一程，高一程低一程，就算鼓足最後一點勇氣，那麼，請抬頭看看河邊楊柳發新芽，這就是世界。愛在，心就在；心在，世界在。

延參法師智慧語錄

認真地對待生活，不要吝嗇自己的付出。快樂地生活，你就不是一個失敗者。尊重所有的擦肩而過，因為到了那個世界，不一定都能相逢。

生活的品質就在於你對生活的態度，誰也不是生活的死敵，何必死盯著生活去挑剔？和生活作對，你生活得更難看。

放眼人生的意義，體會生命的價值，生與死、苦與樂原本不重要，拿痛苦去摧毀快樂，因為這是生命裡最大的失誤。自己就是人生的最大作用力，生命不在於活得長久，在於是否活得寬鬆。

人生中有許多苦，苦在，你輕易地放棄，後來卻發現它是那麼重要，所以更痛苦。我們可以放棄莫名其妙的快樂，但是一定要重視自己胸懷的不夠偉大。

沒有誰是命運的預測師，但每個人卻又決定著自己的命運。一場付出，收穫的不能是煩惱。不要縱容自己的軟弱，也不要拒絕生活的苦澀，更不要跟自己過不去。

往事輕輕論

人要活得坦蕩，如果一味地被往事所牽絆，最終只會被往事壓得筋疲力盡。學會忘記，學會放下，學會心如止水。

話說從頭，沒有那麼必要。歷史上的事皆是故事；歲月裡的事一場幻化；心頭的事浮光掠影。

人有悲歡離合，月有陰晴圓缺。人生輪迴千轉，總歸是潮起潮落的。不要被一些不堪回首的往事羈絆成苦惱，灰暗了心情。經歷著歲月，不要在煩惱中迷失，苦撐著不死就是對命運的承諾。

人生是一場過往，多少往事，終究飄遠。經歷生活中的點點滴滴，也許悟出的道理並不能用言語來表達，但是我們可以付諸行動。時間飛逝，人生不過百年，我們沒有多餘的精力來糾結以往的生活和所走過的路。

生活就是這樣，你的柔弱注定備受傷害。你的態度就是你的從容，不要認為快樂很遙遠，就在你的惆悵背後。人要活得坦蕩，如果一味地被往事所牽絆，最終只會被往事壓得筋疲力盡。學會忘記，學會放下，學會心如止水。生活中，要學會不斷地接觸新鮮事物，如果有自己的想法，能做出來就大膽地嘗試，有些時候無所謂對與錯。

經歷的多了未必不是好事，吃了虧也未必是真的失敗，有時候覺得自己的路走錯了，其實也沒有什麼好遺憾的。人生貴在珍惜和參與，這才是生活賦予我們的使命。生活的精彩由我們自己來決定，因為我們是生活的主宰。

往事悠然一笑間，不必空憂。我們一路走來，只是為了告別往事，走入下一段風景。倘若讓憂傷填補了生命的空白，就真的是褻瀆了生命。

跟往事道一句保重，幸福從來都不是去外面尋到的，當我們願意心平氣和，心安生活，幸福就是我們分享的感動。不要怪緣分過於凌厲，是我們的心不夠柔軟，我們所經歷的一切恰恰是應該經歷的命運。那些過往的不如意、命運的得與失、別人的對與錯，都在一笑之間，依舊山清水秀。

每個人的故事都不可以複製，每個人的命運也都是一幅山川俊秀畫，不要把那些往事說得如此沉重，不都化作塵埃了無蹤跡了嗎？管好自己的眼珠子，看見什麼，看不見什麼，看那麼多大事做什麼？水開了沏茶，腿酸了雲遊，發現別人的優秀，也不要過多迷信那句老話：人比人，氣死人。不要在意命運給我們佈置了多少麻煩，總抵不過我們活得本來就簡單。

往事輕輕論，天生好命，怨不得旁人。謝天謝地，因為活得一無所有，所以，鬼都懶得來搭理。呵呵，人生不過是活了一個符號，那麼複雜做什麼？又是垂楊千萬縷，一切從頭。

延參法師智慧語錄

人生路上，不管是選擇還是拒絕，沒有泰然之心，怎有坦然之路？養心莫過於養志，不苛求生活本來就是對生活的一種善待。

生活裡煩惱也好，平淡也好，如果給生命定一個主張，那就是：再忙，心不忙；再傷，肝不傷。

煩惱在哪裡開始，快樂就在哪裡結束。生活裡有許多事情必須做，雖然你不一定喜歡。生活的勸誡是你怎樣面對挫折和苦難。不放棄美好，就是未來的全部。

記住生命的堅強，雖然不可能一帆風順，但總能應付過去。我們只能選擇一種生活，那些困擾你的煩惱從根本上是能促進你強大的。

生命的滋味真的很難說，有的人活得太苦太難，有的人活得太酸太甜。不渴望風平浪靜，我們也不拒絕挫折，方法總比困難多得多。快樂也是一種動力，它在平常中就改變了生活。

第七章　紅塵無錯

真正的修行不是逃離，不是躲避，而是欣然地面對，全然地接受，接受此刻正在經歷的一切好與壞。唯有當我們真正完全接受時，我們才明白一切的好與壞都只是自己的分別。

春風，早安

每個人走過這一百年的旅途，總要從當中有所收穫。花開收穫淡然，花落收穫坦然。駐足欣賞人生的每一處風景，也許每一處風景都會讓你感覺不虛此行。

花雨繽紛似無心，江南江北隨意開。梅花如約，是春來了。

有時候，我們在猜測生活的規律，歷經了許多摧心的折磨才發現自己總想活的是自己的一廂情願，恰好自己活成了一個命運的獨語者。挑剔了別人，枝枝椏椏的煩惱都留給了自己。

有時候，我們也會思索生活的希望，由於重重的戒備，總覺得自己活在春寒料峭。活在春天裡卻發現不了甚至挖掘不到春天的影子，總是感覺命運是一場辜負，忘記了自己就站在春天中央。堅守自己的希望，人生就一定會邂逅春暖花開的美麗。

人生路上擺脫不開的也許就是那些疑惑，這就和人生中所有遭遇的磨礪異曲同工。一帆風順的人生是童話裡才有的故事，如果沒有自己心底的力量，那麼命運一定很慘澹。人生本來就不是如同可口飯菜那樣有滋味。苦辣酸甜鹹，不是誰都能迴避了的。

每個人走過這一百年的旅途，總要從當中有所收穫。花開收穫淡然，花落收穫坦然。駐足欣賞人生的每一處風景，也許每一處風景都會讓你感覺不虛此行。

一年年，一歲歲，時間的腳步仍然不停歇地向前走著。不管北方的春天是怎樣不合人意，總歸還是春天，還是需要向春風送去一份善待，給春風送一個早安。對這個世界抱一份純粹的堅定和善良、美好和期待，保留生命最初的那一份純真，讓心情不急不躁。

可以說，胸懷寬闊是人生的另一種收穫。寬容是一種人性的美好，刻薄是對自己的一種傷害。該放手時須放手，得饒人處且饒人，這是做人的德行，和信仰無關。

每個人的人生道路上，高高低低曲折起伏，寬恕別人那些失誤，原諒別人那些薄弱，生活裡誰都可能有傷疤，那麼寬容又是一種力量，同時也是一種信心，和憐憫無關。

真實的說，快樂與痛苦只是思考問題的角度不同、大不了的小事情，並傷害不了人生，思想可以改變生活，當心態擁有豁達，你會發現生命原本如此生動。生活裡要懂得放棄，更要正確面對失去，雖然有許多的無奈需要我們去面對，輕輕地告訴自己，不被煩惱拖垮，本來就是另外一種生命。人生豈能用得失二字來定？

活一回人生正能量

人生有時候在艱難地選擇和放棄，生命原本不必要如此沉重、疲憊不堪，不必要因為放棄而悲傷，努力做好或者珍惜你那一部分選擇。

靜靜地觀察這世界的花開花謝，恰好是生命裡成住壞空的多少次閃爍。生命是一次一次的經歷。漫漫人生路，有時候也會迷失在茫茫迷霧中，有時候也想猜到下一步之後去追尋那份柳暗花明，費了心神，動了肝火，覺得也有幾分不值得。古語道，自古瓜兒苦後甜。相信命運的那份正能量，就算命運活一回布衣瓦舍，不悔不憂，笑又如何？苦又如何？既然沒有上天梯，那麼我們就向著陽光活。

偶然的思索，總覺得人生的努力也是一份精進波羅蜜。佛門有語，所謂行善法、斷惡根、止放逸是也。人生努力須儘早，莫等閒，白了少年頭，空悲切。雖然努力是必不可少，卻莫要過於執著。因此，在順其自然中努力，不去惱羞成怒地執著，也是一份正能量。

一生中的風風雨雨，很多時候，退一步未必海闊天空——退一步，也可能是一潰千里。在風雨中的畏縮，換不來下一秒的風和日麗。進與退需要智慧，要學會化解傷感和艱難，在這個時候，恰恰需要一份快樂的心態。

有人問，這人間是熱情多還是冷漠多。我們平時常用的一句話，總是勸人保重，總是勸人相信一句話，天下還是好人多。向善就是人生的一種正能量，一句溫暖的語言、一雙溫暖的雙手，恰恰傳遞的就是一種佈施波羅蜜。佛家佈施有三：財施，布財，使人去貧窮；法施，布光明，使人走向智慧；無畏施，布勇敢，使人除恐懼。

面對這真實的生活，當然有數不盡道不清的紛紛擾擾，有時候愈想掙脫、愈想理清，卻恰恰適得其反，甚至焦頭爛額、閒事縈心，才發現原來我們的生活只是缺乏一點寬度、一點寬容、一點理解、一點包涵。有時候才發現，原來白頭還不如少年，那一點點的寬容恰恰才是命運的正能量，那一份少年的氣魄、那一份少年的豁達，原本曾經有，為何眼前無？都是那些所謂的世故圓滑障礙了這所剩無幾的樸素。

歲月的旅途中，往往在不經意間，平地也會起風波。這倒不是命運故意布下的折磨。這本來就是命運旅途的伏筆。悠悠煙水，逢高就低。其所謂了緣起、斷結縛、止煩惱是也。芸芸眾生，萬象森然。點亮生活的正能量，恰如明燈在望，千絲萬縷，一目了然。

江南花落，江北春，燕子又歸舊時家，少年心事無煩憂，人間無處不梨花。你活一個你，他活一個他，一樣的精彩，哪裡有什麼分別？誰是誰的誰，一字字、一句句，皆是兄弟，都在生涯。

延參法師智慧語錄

人生尋找快樂並沒有錯，假如缺乏了思考，那麼就成為一隻狂奔的鴕鳥，總認為目標在遠方，就算累得氣喘吁吁，也只在懷疑自己的速度不夠快。其實，幸福的方向不只是向前，向後也未嘗不可。

幸福不在於你得到什麼，而在於你認識到什麼。你能主宰的，你可以分配；你不能主宰的，放手即是。

相逢人間是一種緣分，帶刺的人生是一種傷害。俗語說得好，看多世事胸襟闊，閱盡人情眼界寬。

生活裡總有許多追求，總想飛得更高，走得更遠，好似志向很遠大，豈不知有句俗話說得好：上山是英雄，下山又何嘗不是一種英雄？放棄是一種人生智慧，學會了放棄也就學會了爭取。

人生有時候在艱難地選擇和放棄，生命原本不必要如此沉重、疲憊不堪，不必要因為放棄而悲傷，努力做好或者珍惜你那一部分選擇。

了結

了結是一場放過。不管是從眉頭，還是從心頭，放過了別人，不是對他人的恩惠，是對自己的善待。學會了放手才是對自己的真正解脫。祝福自己的祝福，你終會發現，原來人生最美的是釋然。

總是喜歡憑欄遠望，細細品味流雲聚散。來這歲月間，帶來些許癡念，總是以為美好的能定格該多好。這世間，是歡喜、是純真、是坦然，只是這歲月好似是一個未知的迷，你無法預料開始和結局會有多麼巨大的差距。多少相逢、多少相遇、多少相知，是悲歡、是離愁、是激烈、是恬淡，說不清是劫還是緣，經歷了這一場場恩與怨的糾纏，到頭來不過是一場相忘在遙遠。

總希望人生從開始到永遠，卻不想是一場了結。當所有往事都化為天邊的一縷雲煙，才明白多少美好的希冀最後都成為一場空幻。希冀本沒有什麼不好，給人帶來痛苦的是那不切實際的憧憬。人生永遠沒有永遠，永遠永遠都是一種美好的想像，人世間逃不過無常的真相。

初見乍然，再見依然，這只是一個美好的願望，驀然回首，曾經滄海桑田，早已換了人間，再也尋不到燈火闌珊處那一抹清純的微笑。如同花開花會落，每一場的相逢、每一場的相識都如一次花開，離別恰似花落，早已在某個時段相約。每一場的緣分遲早都會有個了結。

了結，卻未必是痛苦。既然清醒地認識到人生注定的別離，了結就可以是一場珍惜、一場善待，雖然也許是從辛酸走向辛酸。這世上，真正讓人百轉糾結的往往不是物質的得失，更多的是情感的取捨。

正是這難以割捨的人與人之間的情感，分離之際，怎不讓人肝腸寸斷？多少人無奈問蒼天，願用一生的所有來換取永遠的相守，只是，這世間，從未有過「永遠」的先例。沒有「永遠」，卻是真正的永遠。

或許，人們真正要感謝的恰恰是這沒有「永遠」的真相，因為無論是何種的擁有，每一種的擁有都有一個期限，所以，我們學會了珍惜。也唯有珍惜過，才是真正地擁有過。

了結是一場放過。不管是從眉頭，還是從心頭，放過了別人，不是對他人的恩惠，是對自己的善待。面對遠去的，念念不忘，心中不捨，不過是一種自我折磨。學會了放手才是對自己的真正解脫。祝福自己的祝福，你終會發現，原來人生最美的是釋然。

了結是一場寬恕，憂的怨的、愛的恨的，歲月裡飄散，手心裡滑過，總想循著它的蹤跡去追尋，到頭來卻發現是一場起起落落的雲煙。

人生，切莫以得失來相論，真正的得與失也遠不是我們所看見的、所理解的，所有外在的「得」，最終走向「失」，而真正失不去的是每一場經歷時的感受和經歷後的領悟。埋怨、仇恨，一定讓自己失去更多，當愛走向寬廣，當愛大到無疆，帶來的必定是心靈的充盈和寧靜。帶著祝福的了結是一場「自他」的寬恕。

花開花落，那麼多的故事都埋黃沙，有人以為是一場淒美，有人以為是一聲歎息，若用另外一種心情去看待，何嘗不是另一種成全？何嘗不是人生的另一種圓滿？似笑非笑的嫣然，執迷不悔的凜然，心照不宣的釋然，讓我們在悲喜交加中恍然。

不要埋怨人間少了永遠，人生就是一場尋常的相見，最後歸於沉沉的回憶。讓這一趟旅途學會寬恕吧，寬恕是人間最美的風景。了結，又何嘗不是一回歷練。

延參法師智慧語錄

一個聰明的憂傷人其實褻瀆了聰明，因為真正的聰明是讓生活更豁達、更敞亮——可以說是鳥語花香。聰明不是煎熬生命的另一種手段，命運的真實意義是樸素而快樂，遠離邏輯和算計。

快樂是生活的一種鼓勵，如果生活成為一種負擔，那麼生存只是一種勞累的煎熬。如何能活出自己的活路，不在尋覓，只待腳下。

人生的一切努力不外乎是尋找快樂和幸福。恰恰這些東西，不在比較，不在奢望，只在心底最柔軟的地方。差之毫釐，失之千里，內心的一份正直和善良能幫人生找到方向。

過去的就讓它過去，就如同抖落一身塵埃，人生又何必在意結果？不過就是一趟來回，又何必在意長與短？

生活的藝術不要去追究煩惱在哪裡產生，一定要清楚煩惱是怎麼消失，一定要清楚自己是如何經歷平凡，更不要忘記自己經歷過的這一趟人生根本就脫離不了平凡。生死的意義，就在於你想這一回人生能給別人提供什麼服務，或者是想到什麼時間把手放開。

在生活的快樂面前，只有豁達和吝嗇，沒有高貴和平凡之分，快樂的底線就是起碼不讓別人皺起眉頭，就如同生活的底線一樣。只有在希望裡才有資格說明天。

了緣

這世間人來人往，心懷抱怨，是抱怨暗淡的人來人往；心懷美好，是懷抱溫馨美好的人來人往。看淡得失，懷抱美好，這世間就是美好的世間。

來到這人間，總希望這世界玲瓏變換、精彩無限，到頭來卻發現這世界樸素得猶如對面相逢所有的臉。

相逢在人世間，誰是誰的緣？誰為誰期盼？誰為誰糾纏？心頭曾經多少次思量，這人間是熟悉還是陌生？不是每一次的來過都會成為陪伴；不是每一次的離去都會深了寂寞；不是每一次的留下都要承諾永遠；不是每一次的離別都只徒留孤單。

這世間人來人往。心在，靠近過來的都將是快樂與幸福，遠離開來的不過只是雲淡和風清；心不在，人來再多也是負擔，人去再少也是憂傷。

這世間人來人往，是否你還執著曾經那份憂愁不肯鬆手？是否你已經淡了羈絆，笑看榮辱？是否你總感歎人海茫茫，心事無人訴？是否你已經秋落冬融，春暖花開？

這世間人來人往。如果說人生是從生的起點到死的終點間的一場旅途，那麼不論什麼事情、什麼風景，我們來過、看過、笑過，然後走過，即使也曾痛過、傷過、哭過，不癡迷、不執著，不思量、不眷戀，也不失為旅途中一段美好的回憶。

這世間人來人往，如果能不去計較得失與榮譽、快樂與悲傷，不論人生有多麼精彩或者平淡，只要對他人多一份善意、多一份包容、多一份理解、多一份微笑，那人潮中就會多一份色彩、多一份笑聲、多一份溫暖、多一份美好。這樣的旅途，回憶起來，將會是多麼溫馨呢？

這世間人來人往，心懷抱怨，是抱怨暗淡的人來人往；心懷美好，是懷抱溫馨美好的人來人往。看淡得失，懷抱美好，這世間就是美好的世間。

這世界人來人往，不要問活著為什麼，先要問活著做什麼。就算兩鬢如霜，這人生也要活一個笑語盈盈。也許這世間的美，就在這人來人往的了緣間。

眼前簡單的快樂比奢望中的幸福更實在、更明瞭。快樂的生活更應該是一種寧靜的生活。遠離了貪婪的紛擾，快樂除了在心地裡能找到，在其他地方應該一無所有。

人生命運的光明，就在於你是否能夠用快樂點亮生活。快樂的步伐、快樂的思想，就連沉思都充滿快樂。可以說快樂的人生是一種高尚，也可以說快樂的人生是一種力量。

不是所有的快樂都可以創造幸福，但是幸福的生活必須包含快樂，如果發現自己不快樂的時候，應該反思自己的性格是否出現了缺陷。找到一條快樂的信念，比擁有多少財富重要得多。

人生路上，悲傷與坎坷，失落與希望，並不是你內心世界設想的高度來要求生活，把心放寬一些，眼光放遠一些，快樂的生活要實在得多得多。

如果人生是一場追逐，在煩惱中徘徊顯然不明智，沒有什麼結果值得用煩惱去換取。

寬容是一種風度

當痛苦、失意、不幸、憂傷、挫折和彷徨向自己襲來時，要寬容自己、解脫自己、安慰自己、善待自己就是要拯救自己、勉勵自己、完善自己。

人生路上，我們總會遇到不順心的事，遇到不順眼的人，如果你不學會寬容，就會活得很痛苦、活得很累。「海納百川，有容乃大」，寬容是一種境界，是一種風度，是一種情懷，它像一把傘，幫助你在雨季裡行走。學會寬容，生活也多幾分寬度。

塵世間，最能寬容為懷的是什麼？當然是大自然。因為有了大地的寬容，才有了萬物的生機；有了大海的寬容，才匯納了千萬條溪流；有了嚴冬的寬容，才有了百花盛開的春意。人生誰不期盼一個寬容以待、和諧相助的生活環境呢？大自然是一個榜樣。

人生是一種艱難的跋涉。寬容能融洽氣氛，交流感情，獲得思想，從而獲得真知、真情和智慧的人生。寬容不是軟弱的表現，更不是窩囊的代名詞，而是建立在自信、修養、仁愛、同情之上。一個寬宏大量的人煩惱必少，快樂必多。

做人就應該寬容。寬容是一種氣度，是一種涵養，是一種氣質，是一種理智。寬容也是人心向善的通道，它可以使人們相互理解和信任。寬容不是懦弱和小氣，也不是對錯誤的包庇和遷就，更不是放縱和慫恿。寬容是理解，寬容是奉獻，寬容是豁達和大度，寬容是暖暖的一片愛心。

學會寬容就會友好待人，給人寬容就會擁有友誼和溫馨。寬容既給予別人，也要面對自己。當痛苦、失意、不幸、憂傷、挫折和彷徨向自己襲來時，要寬容自己、解脫自己、安慰自己、善待自己就是要拯救自己、勉勵自己、完善自己。

人的一生不會總是一帆風順的，它是在無數個得到與失去、歡樂與痛苦、成功與失敗的不斷迴圈中走過。所以，學會了寬容也就學會了走好自己的人生，它不但能釋懷別人，也是對自己的善待，因為一個人的胸懷能容得下多少人，就能夠贏得多少人。寬容是人類靈魂裡美麗的風景。有了博大的胸懷和寬容一切的心靈，寬容就會散發出濃濃的醇香。

文學家評論快樂，是一種人生的豪邁；數學家評論快樂，是一種簡單的計算；科學家評論快樂，是一種簡單的對撞。老人們評論快樂，是一種團圓；孩子們評論快樂，巧克力加可樂。

如果有一種行為既維護了生命的尊嚴又彰顯了生命的意義，對生命有百利無一害，也是補償生命缺失的最好方法，那就是快樂。

快樂的生活本身是一種智慧的選擇，不妥協、不模糊、不遙遠，同時也是生活的一種富裕——人間沒有比快樂更能改造人們的生活。用快樂去改造命運很簡單：高高興興地活著。

生活裡的煩惱是對生活的一種折磨。不管命運如何挫折，豁達快樂的心總是對生命的一種優待。用快樂的心去發現快樂，不要磨蹭到生命盡頭。

人生在路上

每個人的人生道路在茫茫人海中不過就是隕落的彗星劃過的一道光線，彼此碰撞，彼此磨礪，彼此包容，彼此閱讀，彼此借鑒。

曾許多少次，幽幽而問，人生的動力何在，方向何在，目標何物，還是一場空忙碌。

多年後，眼前的這一切，無言的這一切，一座清淨的大殿、一座古老的佛塔、一個幽靜的院落，這就是當下的世界，沒有什麼挑剔的，好似也沒有什麼去分別的緣由。

昨天彷彿還在眼前，新的春天已然開始，時間就這麼異常靈巧地又一次悄無聲息地從我們的指尖溜走。它能改變一切，帶走一切，卻不能留下一切。曾經固執地認為，有些事情說不變就永遠不會改變，會順著自己設計的方向一直延續下去，而此去經年，再回首時，才發現唯一不變的事實就是一切都在無常地變幻。

我們都是歲月的過客，塵埃落定，洗盡鉛華，在來來去去的成長中，那些繁華哀傷的塵事終成過往，那些曾經陪伴我們的人也終會走向遺忘。雖然有時有些不甘心，歲月留給我們的只能是無奈，無須抱怨什麼，世間的輪迴中，每個人都有自己的業力和追求，都有自己必須要走的道路，別人改變不了，更代替不了，世界原本春來花自發、秋至葉飄零，所以不要一廂情願地去挽留什麼，更不必為改變不了的事實去難過和悲傷。

人生是一場路過，不經過挫折、磨難就不可能堅強，就不可能成熟，就不可能達到人生的高級境界，更不能體會到平淡生活中的幸福。所以，踏實地走好自己腳下的路，用一顆從容的心去看沿途的風景，這才是生活的真諦。如果感到生活中有什麼聚散離合，那也只是我們自己心中對感情的執著和眷戀。

每個人的人生道路在茫茫人海中不過就是隕落的彗星劃過的一道光線，彼此碰撞，彼此磨礪，彼此包容，彼此閱讀，彼此借鑒。人生短暫，不要把所有的關係都考慮得那麼複雜，不如彼此都寬鬆一些時間、讓渡一些空間、包容一些對錯，善意理解別人的不同意見，因為簡單的人生才能感知生命的意義和內涵。

雲自無心水自閒，水有水的沉靜恬淡，雲有雲的自在安然。本不相干，何來相連？本無相會，何來相期？歲月在心，心在當下，靜靜地叩拜菩薩，沒有目的，只是叩拜。

心頭曾經的那些問號，現在都成省略號了，歲月的磨礪裡，站得高過，摔得疼過，開水燙過，言語傷過，歪脖看過，隨緣過活吧！

延參法師智慧語錄

快樂是人生的正能量，包含著積極、向上、健康、豁達，也可以說是一種人生的智慧，也可以說是一種人性的善良。人生許多苦，珍惜每回微笑的片刻。

快樂和智慧成正比，付出的快樂越多，收穫的智慧越多。快樂是生命最好的狀態，有健康，有慈悲。

快樂沒有什麼界限，是為了贈予，也是為了互換，因為快樂是一種大家都可以分享的行為，也是一種人生觀。保持快樂的心態，同時也是維護命運的尊嚴。

感覺到生活裡煩惱重重，不知是生活怠慢了你，還是你摧殘了生活。是不是熟悉的地方風景很少，夢想的風景總在千山之外，真正的風景在心底，無謂的追逐本是徒勞呢！

要瞭解生活的方式，既然真正的快樂無法保存，那麼就把快樂帶著上路。生活你的生活，快樂你的快樂，不管今天是生命中的哪一天，或許有許多感覺無法表達，那麼，最重要的事情馬上就去做。

幸福的心境

幸福，在每一次的喜悅裡，也在每一次的悲傷裡；在每一次的得到裡，也在每一次的失去裡；在每一次的幸運裡，也在每一次的不幸裡。

學生問蘇格拉底：人生是什麼？蘇格拉底讓學生們從一個果園中走過，要求每人挑選一隻最大的蘋果，不許走回頭路。大家回來後，他問：滿意嗎？學生們說：讓我們再選擇一次吧，我們要麼選早了，後面又有更大的；要麼選晚了，漏過了最大的。蘇格拉底笑了：這就是人生，人生就是一次次無法重複的選擇。

從來都沒有歲月可回頭，也從來都沒有故事可重走，也許這是一種遺憾，但是又何嘗不是另一種的擁有？當我們一次又一次地蹉跎，一次又一次地浪費，我們終將在無法回頭中明白我們並不是總有時間做很多浪費和後悔的事情，於是真正地懂得珍惜，並且真正地懂得幸福的含義。

我們曾經苦苦地叩問命運幸福在哪裡，尋找幸福成為我們人生終極目的。而更多的時候，我們卻總不免把目光放在那些生活的瑣碎煩惱裡，既影響了身體健康，又降低了幸福的品質。美好的人生變得狼狽不堪或者充滿悲傷，幸福也就改變了模樣。

幸福在哪裡？在心境裡。

幸福，在每一次的喜悅裡，也在每一次的悲傷裡；在每一次的得到裡，也在每一次的失去裡；在每一次的幸運裡，也在每一次的不幸裡。快樂是幸福，痛苦也可以是幸福；平安是幸福，困苦也可以是幸福；成功是幸福，失敗也可以是幸福……幸福以任意的形式存在著，只是我們時常沒有認清它的真實面目。

每一段的經歷，每一次的感受，都可以回歸為幸福。每個人都是幸福和痛苦的路過者，當然也是體味者。嚴格地說，幸福也沒有一個恰當的定義，的確需要思考和清醒，原本也沒有現成的幸福，但是幸福也不遙遠，就在勘破和執著之間。

幸福不是一個奢望的過程，是實實在在一條心路，你願意幸福，它才願意幸福。它也並不是從一個目標到達另一個目標。恰當地說，幸福應該是一種環境，它每時每刻都存在，就在於你發現和未發現。

幸福，不是滿足，不是得到。幸福，永遠都是一種進行式，而不是某種結局。哭著，笑著，悲著，喜著，這就是生活。活著，就是幸福。

延參法師智慧語錄

生活裡有許多零零碎碎的時間，也恰恰是這些零零碎碎的空閒給那些防不勝防的煩惱產生了生存的偶然，所以說安排好自己的空餘時間也成為一種健康的生活方式。有時間多念佛，不是為了信佛，是為了尊重生命的平和。

快樂的生命在於，把有分別的善良活成無分別的慈悲，就算人生迷霧萬萬層，也自有好心如月在天空。人生再多苦，唯善不苦。

人生的意義就在於今天經歷的點點滴滴，回憶過去的時光不如善待今天的平常，不必要向命運感歎還我韶華，不必要對夜晚感歎夜太黑，不必要擔憂未來的撲朔迷離，幸福的祕密只有四個字：不過現在。

在生活裡路過，會有許多陌生人走近你，也有許多熟悉的人遠離你，內心世界會無限困惑。這到底為什麼？歲月給誰的也許都不會太多，也許並不長久，最好的方法是少去問為什麼，自己去多做一些什麼，放鬆一些心情，舒緩一下腳步。

春暖花開

命運的難題，恰恰是因為我們的尋找錯了方向。千山萬水找不到自己，天涯的盡頭也沒有自由。幸福從來都不是去外面尋到的，當我們願意心平氣和，心安生活，幸福就是我們分享的感動。

願一切美好都在季節的甦醒中煥然出現。

願一切擦肩而過都在微笑中結一份善緣。

願一切不如意都如積雪融化般消散。

有人說，命運的主題是尋找。尋找自尊，然後又尋找自由；尋找華麗，然後又尋找真實；尋找位置，然後又尋找心安。忽然發現，問題的答案還沒找到卻已經丟了自己，然後回過頭來開始叩問生活的意義。歲月的變幻給人們留下了許多謎題、許多故事，由此而成為一段追尋。為此，我們經歷所有的好與不好，看過所有的是與非，聽遍所有的爭辯與流言，為了思索而活了一場場奮不顧身。

問何處是開始，故事說開始於記得；問何處是結局，故事說結束於忘記。由來好夢最易醒，不要再挑剔誰為難了誰，不要再貪戀誰感動了誰，誰跟誰都是一段曲折的緣分，緣聚緣散、緣深緣淺不過是一段相遇、相守，然後相別、相忘的故事。忘了什麼，也不要忘了珍惜。等緣盡了，且不說溫暖與感動，就算是傷害與抱怨，也早已虛幻成氤氳一段。

能寬容處是解脫，何必事事過心頭。命運的難題，恰恰是因為我們的尋找錯了方向。千山萬水找不到自己，天涯的盡頭也沒有自由。幸福從來都不是去外面尋到的，當我們願意心平氣和，心安生活，幸福就是我們分享的感動。不要怪緣分過於凌厲，是我們的心不夠柔軟，我們所經歷的一切恰恰是應該經歷的命運。那些過往的不如意、命運的得與失、來人的對與錯，都在一笑之間，雲淡風輕。

問清風何處是家鄉，清風說，本無故鄉，處處故鄉。

問流雲哪裡是去處，流雲說，去了又來，相遇相忘。

以清風為友，以白雲為伴，活一回實實在在的灑脫。平而氣和，淡而知味，命運的答案往往就蘊藏於生活的平淡中。花開的美好，葉綻的曼妙，都是歲月送給我們最好的禮物，歲月的溫馨溫暖了這紅塵，每個人都感覺和幸福不再遙遠，是心拉近了距離，就在這春暖花開。

延參法師智慧語錄

歲月催人老，催白少年頭。昨天走了憂愁，今天來了悲傷，世間煩憂，了猶未了，簡單地說一句，如果不是「貪」給「窮」做了幫兇，人生何苦百轉愁腸？寒山大師有句話：活一回人生，活的是自在，不是來人間比誰更淒涼。

一個快樂的人應該是用幽默和智慧瓜分了生活，雖然不能用自己的理想過一生，但是，選擇了恰當的態度對待人生。

生活裡我們快樂，往往找不到理由。生活裡如果煩惱，原因就是理由太多。不要忽視自己那些煩惱和個性，在你不留意的時候，它們都堵在你通往快樂的路上。

早安，春天

你念與不念，溫暖都在那裡，不離不棄；你想與不想，感動偶在那裡，不曾遠離。生活的幸福不是心去外在的尋求，而是來自心底的那份安然。

佛門有語，不悲過去，非貪未來，心繫當下，由此安詳。

歲月恰似一幅寫意，冬去春來，風和日清，一掃前幾日陰霾的天氣，讓這天空幾分清澈而透明，也給臨近的節日氣氛增添了幾分喜慶。雖然這些天殘雪還沒有完全消融，還有些刺骨的寒冷，從徐徐而來的風中，讓我們已經聞到了春天的暖息。

生活著那些曾經的光陰，歷經那些曾經的故事，雖說不得曾圈圈寫寫，卻賦予了我們年華的閱歷，這一切彷彿又無關緊要，卻是真的這春風撲面，輕輕拾撿一些流年的記憶，品那幾分模糊的感動，也留下了些許的支離蹤跡。在此，寫一幾句留言，一是為了對過去的祭奠，也是寫給未來興許默然的自己。

走過似水流年的一年年，塵緣如風，緣來緣去。曾經的哭，曾經的樂，歷歷在目，都說回憶已是多餘，但是，有些事情回味回味卻有許多值得掂量的東西。

過去的一年裡，我們有些深思、有些沉澱，幾分警醒，也有幾分認知。人生這一回，難啊，總有那麼多的憂慮、忐忑和瞻前顧後，放不下過去和擔憂未來，都會招來不必要的煩惱和痛苦。生活都說很簡單，也許是我們的心思太縝密，想得多了也就累了，想得糾纏也就苦了。殊不知，平實的生活才真實，幾分天真的心情才淡然。

留幾分淡然的心情，當然是生活的恩賜，動人的心弦也只能在生活中去發現、去尋找，每一種心情都是生活的恩賜，每一份情感都是來自心靈的相依。你念與不念，溫暖都在那裡，不離不棄；你想與不想，感動偶在那裡，不曾遠離。生活的幸福不是心去外在的尋求，而是來自心底的那份安然。

春天總是一份溫暖的味道，走在人生的道路上，人生路上的風風雨雨、折磨迷離，也許不放棄，再多幾分寬闊和幽默、堅定和友好，有些所謂的艱難都會過去，雨過天晴，也似又一番暖意盎然。

對歲月一句問候，對心情一份善待，需要的是一些對人生的思索。有時候我們不妨對命運、對幸福再一回追問，一個幸福的人生需要的是內涵、是積澱、是素養、是快樂，也是一種人生的方向，安好，心情。

延參法師智慧語錄

人生一趟旅途，不外一場終極思索。不管你是沖天的雄鷹，還是房檐下的麻雀，也許你是浪裡白條，也許你是寂寞宅客，總不外：有執皆苦，有我窮愁。

生活裡，當你快樂時，沒有人會留意；生活裡，當你煩惱時，許多人背後都在說。學會當命運的主人，不要當別人話題的主角。

生活裡要學會幾分從容，或者說幾分悠閒，說話速度太快，就算打個電話，別人都會認為你得了什麼急病。

一定要開心地面對生活，給所有的開心都準備一個臺階，當耗子嘲笑貓的時候，耗子身後就是洞。

美麗活著

我們生活在這個世界，有著太多的艱辛、太多的磨難和太多的不如意。芸芸眾生的我們猶如小草，儘管要經歷風霜雨雪，但是，我們同樣能活出自己的美麗。

精彩的人、絢麗的花草有很多，然而美麗地活著是人生的一種境界！美麗地活著不是造作矯揉，也不是悲情交加，是一種心境，是一種心態。

人生是美麗的，從生命的開端到生命的結束孕育著無限的美。心靈，在美麗中晃動；希望，在美麗中萌發；生命，在美麗中充實。我們感悟人生，不為別的，只為活在美麗中；我們感受美好，不為別的，只為不白活一回。

人生短暫，美麗瞬間即逝。但只要我們用心靈去體會，無論是我們身處人生低谷時得到的一個微笑，還是感到孤獨時得到的一聲問候，也無論是我們失落時得到的一個祝福，還是在憂傷時得到的一份慰藉，都會使我們的心靈得到美的享受。

曾經有多少人讚美人生美麗如花；又有多少人在詠唱生命燦爛如朝霞。生命的美麗是因為奮鬥，是因為付出，是因為努力，是因為奉獻，是因為你堅強。每一個生命都是一個希望，每一個希望都需要奮鬥來圓滿。不管奮鬥的結果是什麼，我們的生命依然因為奮鬥不息而美麗。

我們作為一個生命來到這個世界上，就是一種幸運，幸運之後就必須要奮鬥，我們要向世界證明：我們實實在在地真正地活著。生命的過程不可能預先訂製，一帆風順只是奢求，在跋涉的道路上，風雨坎坷總會不期而遇，驚濤駭浪也會常常侵入，因此奮鬥必須是人生的主旋律。或許天空不會留下我們飛過的痕跡，但我們飛翔過；或許我們在奮鬥中不能過關斬將、平步青雲，也不能功成名就、名垂千史，但我們開拓了生命的寬度、構築了生命的厚度，更書寫了無悔的生命歷程。因此，我們美麗地活著。

我們生活在這個世界，有著太多的艱辛、太多的磨難和太多的不如意。芸芸眾生的我們猶如小草，儘管要經歷風霜雨雪，但是，我們同樣能活出自己的美麗。

保持心地的一份清靜本來就是生活的一種原生態，多一份直心腸，管他佛在何方，心頭有座如來，問心何必問佛？

紛紛擾擾的是生活，空空蕩蕩的是心地，一場繁華，萬境歸空，在煩惱中活一份超脫，就算是自己起起伏伏的歲月，多一份恬淡，笑又如何，哭又如何，不過是由迷到悟的一種承接。

流光易去，繁華不實，人生恰似煎熬，炭火盆裡養魚，能有多少是快樂？給自己一個定義，胸懷不開闊，哪裡有活路？簡單地說，人生來去，不過就是等一回生死，那麼複雜做什麼？

面對生活的煩惱重重，一定要幽默地告訴自己，就算傷害再重，因為沒帶翅膀，所以不會選擇跳樓。

一年一度又逢年

這一年我們已經走過來了，有許多東西值得我們去回味、去沉思、去總結、去沉澱。不管曾經的悲也好、喜也好，那都是我們所經歷過的，都是人生路上陪伴過我們的，我們應該學會感激它們。

律轉鴻鈞佳氣同，肩摩轂擊樂融融。不須迎向東郊去，春在千門萬戶中。春節在人們閒適的忙碌中慢慢近了，這也是一年當中期望、眷戀的節日，大街小巷都洋溢著節日的氣息，熱鬧非凡，不管是老人還是小孩子們，手裡都是大包小包的年貨，臉上也散發著快樂的笑容。

時間流逝，光陰荏苒；光陰帶走了歲月，歲月寫滿了流年。那活躍在光陰下的流年，又有誰能緊緊抓住？總感覺過年比小時候少了些什麼，原來是把兒時的天真丟在了成長的路上。曾經天真無邪的笑聲，曾經活潑爛漫的身影，都成為歲月的伴侶。

在過去的一年裡，我們經歷了太多的形形色色，哭過、笑過，可是歲月的足跡總是少不了淚水，如果一個人從來沒有哭過，那他肯定是怪人。不管怎麼樣，這一年我們已經走過來了，有許多東西值得我們去回味、去沉思、去總結、去沉澱。不管曾經的悲也好、喜也好，那都是我們所經歷過的，都是人生路上陪伴過我們的，我們應該學會感激它們。畢竟，成長的路上沒有捷徑，經歷過才能感受到；感受到才能不斷地走向成熟。

經歷了「末日」的洗禮，還有什麼不值得珍惜？還有什麼不值得慶倖？還有什麼不值得開心？

前幾天，有位朋友跟我聊天，說：「又到年底了，由於最近心情不景氣，所以這一年也沒有什麼收穫，更是沒什麼錢，感覺自己很失敗，沒心情過年了。」我告訴他：「生活不如意事十有八九，所謂的一帆風順、萬事順利只是一句美好的祝福，成功與失敗更不是用金錢、名利所衡量的。人生是一場路過，沿途的風景才是我們真正的收穫。所謂的金錢、名利只是生活中的一個小工具，它不能代表生活的全部，更不能因為它們而迷失了人生的方向，恬淡的生活、家人的健康、幸福的團聚才是這一年的成功。」

人世間的一切不平凡最後都要回歸平凡。有很大一部分人總想走出平凡，過與眾不同的生活，可最後卻還是希望生活能夠平淡一點、簡單一點。因此，平凡才是我們生活的主流，生活不必要活得那麼複雜。有首歌唱得特別好：有錢沒錢回家過年。家的呼喚，親人殷殷的目光在期待你的歸來，揪心的牽掛才是我們應該關注的。

學會珍惜當下的這份平凡。人生匆匆幾十年，要守住那份兒時的天真，忘記過去一年的種種不順心，明天又是一輪新日升起，讓昨天的迷茫沉澱凝結，讓昨天的疏忽淡然遺忘，讓昨天的憂傷停留消散，讓昨天的浮躁悄然平息。生活不一定大富大貴，快樂、幸福、精彩，把平凡的生活真正過好，人生才有節拍。

路途遙遙，這世間人來人往也曾習慣於那些回首。人生有雙腳，努力向快樂蝶變。既然能被陽光溫暖，那麼就一定相信自己心靈逍遙的存在。接受這個世界勝過許多成見。

生活裡要正確地面對那些放棄。煙雨將來，誰又能看得清？多一點超人的氣度，得也不必可賀，失也不必可歎，生活也無須完美，到頭來不過是一場來回。

讓內心世界少一些提防、少一些懷疑、少一些是非、少一些高低攀比，你會感覺到世界原本是一個無限的世界，無限寬闊、無限安寧，就好似不存在世界。

活一回生活，就權作活一回原諒。我們給人間沒有付過什麼費用，所以也不存在什麼銷售和租賃。快樂地活這一回人生。既然是偶然上架，所以也不必難過於什麼時候下架。

世事紛擾，不妨用慧眼去看，不妨告訴自己一句話：社會養著我們，我們要用微笑回報社會。

生活，就是活完的速度。活著，就是比賽一種耐力，鑽石不久遠，信念不破產。

生活原來是這樣，既然不是外星人，那麼就承擔點本地球的義務吧！

彈指間

當下和煩惱告別，回頭就是新生，不要把自己以前的故事、煩惱、恩怨、糾結和自己的一生打包，要學會和過去再見。

歲月就這樣溜走，彷彿所有的故事都在彈指一揮間輕輕滑過。生命在不知不覺中經歷人間百態，走過所有的高低不平，也正是這豐富的生活經歷構成了鮮活的人生。最壞的情況是在人生的末尾去後悔種種；最好的情況，是過去的每個彈指間都精彩無比。或許生活的意義就在於此，在每一刻的時光中堅持到底。

世事如棋，人生如夢。生活裡有許多相似但不盡相同的經歷，有痛苦、有快樂、有淚水也有喜悅。時光在悄然之中一去不復返，很多的人、很多的事，彈指之間就成為回憶。當我們遠離了俗世的浮躁，洗去了浮世的鉛華，自然在心中留下一席靜謐之地，讓心靈有了一片自由的天空。

細想一想，人來到這個世上，無論貧窮與富有，不論高貴與貧賤，都只有短短的不過百年光景。輕輕一彈指間，歲月留給我們的痕跡往往就在不經意間，一切都成為夢幻泡影。日子一天天地過著，有時，總感覺這日子過得特別慢，尤其是心情不好的時候、生活過得不如意的時候，恨不得讓這段不愉快的時光一晃而過，可偏偏那種日子卻愈發地難熬，度日如年。直到歷盡艱難困苦，歷經風雨滄桑，當走過去了，回頭再看，感覺就像是一個眨眼的工夫，不禁感歎：彈指間，一切都已成為過往。

昨日種種昨日死，今日種種今日生。彈指一揮間，一切又都是新的開始。當我們痛苦不堪時，轉身就是輪迴；當我們悲痛欲絕時，明天就是隔世。當下和煩惱告別，回頭就是新生，不要把自己以前的故事、煩惱、恩怨、糾結和自己的一生打包，要學會和過去再見。過去再怎麼美好，縱使有太多的不捨與眷戀，那也已無濟於事，也無法回到從前；過去再怎麼痛苦難堪，那也是曾經，只有告別了過去，才能活好當下的人生。能和自己的狹隘、無聊、無知、短見告別，能和他人的誤會、矛盾、恩怨說拜拜，也是自己智慧的提升。

浮生恍如一夢中，夢醒一切俱成空。得失成敗了無憑，掩袖一笑夢曾經。稍縱即逝的時光讓我們明白，一不留神間，今天很快就成為昨天，曾經的美好、曾經的青春，過往的一切都在悄無聲息中消亡得無影無蹤，但無須抱怨，因為漫長的人生之路才剛剛開始。

生活就是這樣作弄人，往往在不經意間我們已經失去很多，既然它這麼愛開玩笑，我們不妨先開始行動，不給它偷偷溜走的機會。抓住每一個現在，把愛心灑向世間，把美滿灑向人間。其實生活就是這麼簡單，用善良的心對待每一個生命，從生活的點點滴滴做起，生命從此有了意義，讓每一個彈指間都這麼幸福滿滿。人生的真諦就在分分秒秒的生活中，把生活的種種美好分享給世界，生命的高度就在這點滴的生活中。

芸芸眾生，生活百態，生活就是要我們知道，諸法空相，諸行無常。生命的真諦很難體悟，然而每天的生活依然在教會我們成長。如果還有憂愁、還有後悔、還有糾結，那麼一定要叩問自己，有沒有用心珍惜。如果用心擁抱生活，命運的線條會顯得清晰無比。

不是造化弄人，是人在疏忽中錯過種種。彈指間的故事充滿了各種變數，然而珍惜眼前的所有，一定是一條無悔的路。

堅定自己的生活信仰，快樂地去生活，不必要希望得到別人的喝采和理解。人間伯樂很多，為快樂而訂做的伯樂卻不多。

學會用智慧來指導生活，學會用智慧來化解煩惱，當然更應該用智慧來認清自我。不管生活多少變故，不過就是魔術師手中的一場幻化，可以迷眼，但不能迷心。

生活裡人比人氣死人，但是又不得不面對生活，感受快樂不需要那份悲壯和勇氣，一份平然知足的心，幸福便油然而生。每個人都有自己的生活方式，何必苦苦模仿別人？發現自己的幸福和快樂才是人生之道。

致我們終將逝去的青春

原來認為是無法放下的東西，在後來卻發現不是和生命血肉相連的；原來認為是痛徹心扉的傷，後來發現不過是微不足道的過往；原來認定該屬於自己的東西，此時也明白了很多事情是人力無法改變的，很多東西不能強求。

誰沒有留下青春跋涉的足音？即使人到暮年，青春的底片在心中依然不滅。光明也好，暗淡也罷，甚至成敗得失都是其次，最重要的是我們經歷過，並且心靈永遠年輕不老。

有時，青春的美好恰恰就在它不切實際地對未來的憧憬。剛剛跨進青春的門檻，我們以為這就意味著自己長大了，並且用盡自己所有的想像力去繪製未來的藍圖，卻不知道自己離真正意義上的長大還有漫長的道路。未來也遠不是自己想像中的模樣，因為你還沒有切身體會到現實與想像之間的差別何止是天壤。

我們以為世界是完美無缺的，只要真誠就可以收穫想要的溫暖，只要努力就可以得到想要的回報。你以為世界有天荒地老，卻不知道終有一天會發現這是一種單純得近乎幼稚的美好嚮往，因為此時的你還沒有嘗過失望、失敗的味道。

我們只相信自己不相信宿命，相信永恆不相信無常，直到某天你失去了你認為是自己生命全部的東西，你明白了什麼叫痛不欲生，什麼叫行屍走肉，什麼叫欲哭無淚。在這個你認為的足以令自己毀滅的災難中，你覺得你受了無法治癒的傷，並且從此生命沒有光亮。

你在這巨大的悲痛中完全失去對生活的希望，以為這痛苦將伴隨自己一生，卻不知道，沒有永遠的快樂，也沒有永遠的痛苦。你曾經滿懷著希望，不知道世上還有一種失望，而身處失望中時，也忘記了人生依然還有希望，也只有失望中的希望最有力量。

只要你足夠堅強，只要你還能堅持活著，不久你就能明白時間是多麼神奇的治癒傷口的良藥。多麼巨大的悲痛都在時間的流逝中漸漸淡化。後來，你又失去過，並且不止一次。你也終於明白，失去卻原來不是多大的災難，不過就是人生的一段經歷，而你也在失去中、在痛苦中、在失望中，最後百煉成鋼——原來世間沒有什麼癒合不了的傷，所以也就沒有什麼忘不了沒有什麼放不下。

如此往復，你終於相信了世事無常的真相，也終於明白了永恆只是一種美好的幻象。一回頭，驀然驚覺，青春早已遠去，連個告別都沒留下。

青春遠去，彷彿內心有些許的失落，卻又感到另一種踏實。是的，是痛苦讓你明白了很多很多的東西，也是在痛苦中收穫了很多很多的東西。這時，你可以笑著回頭看看痛苦，而它，竟也在微笑著看你——痛苦原來也可以這般親切！再看曾經走過的路，看似彎路，卻是必經之路。

其實，我們不只是不認識這個世界，我們也不認識自己。原來認為是無法放下的東西，在後來卻發現不是和生命血肉相連的；原來認為是痛徹心扉的傷，後來發現不過是微不足道的過往；原來認定該屬於自己的東西，此時也明白了很多事情是人力無法改變的，很多東西不能強求。努力與真誠依然是沒有錯的，需要修正的是那顆總是期盼的心。

有追憶，無追悔，這就是青春。哪怕是累累傷痕，也是青春的收穫。如果沒有青春的傷疤，在未來回憶時，你就會覺得那是青春的一種缺憾。愛過、恨過，哭過、笑過，痛過、累過，一切都不是錯，這就是生活。是青春，就讓它飛揚；是歲月，就讓它燃燒；是生命，就讓它綻放。活一回人生，就讓它無怨也無悔，無論在人生的那個階段，都別追悔過去，也別期待未來，當下擁有的才是最好的。

青春終將逝去，這是老天爺對每個人的公平，然而，那些青春特有的簡單、純真、熱情，別讓它們也逝去，讓它們屬於心靈，而不是屬於某段年齡。雖然我們從最初的簡單漸漸地走向了複雜，但是，再從複雜走回簡單，這是一門必修課，否則，我們會迷失自己，並看不清幸福在哪裡。

在人生的旅途中，沒有誰傷害了誰，也沒有誰欺騙了誰，只有誰寬容了誰、誰感動了誰。雖然我們明白了世間沒有天荒地老，卻看到有心靈的海闊天空，當某一天，你用那雙閱過世事的眼和那顆經過滄桑的心再來打量這個世界時，你會發現，它比曾經憧憬中的還要美。

延參法師智慧語錄

生活的累，一是來自自己編織的美麗，二是錯在和別人相比。記住一句話，生命的開始是想抓住一切，生命的結束是一切都從手中滑落。如果給人生尋找一個最高境界，那就是該放手的放手、該忘記的忘記。人生在世，不必要痛哭流涕，不必要怨天尤人，學一點智慧，聽風，聽人生。在生活裡一定要謹慎小心，一定要細心對待，但並不是小心眼兒。每個人都不是超人，展開心靈，學會欣賞，學會品味，人活一回不是為了讓後人敬仰，是為了活一回平凡中的真實。

紅塵無錯

生活的傷痛不會化成河流一般壯大，只會被那些溫暖而美好的事情所覆蓋。只要我們的心不為外物所轉，那麼缺憾也是完美。

自古紅塵喧囂，一如色彩斑斕的染缸，凡踏進紅塵者，無一不著色而出。只是不同的是，染得好的讓人一口稱絕，仰慕者遍地都是；染得不好的又有點自知之明的，最好找個沒人的地方把自己藏起來就是了。可偏偏有時候有些人啊，不知道自己到底有幾斤幾兩，於是紅塵中就有了這一幕幕流星般有趣的話劇。

日子還是這麼一天天地過，可鬧劇總有謝幕的時候，而紅塵中那扮演小丑的角色，終於到這一天發現了，原來自己一直都在譁眾取寵，於是鋪天蓋地的埋怨咒罵一齊而來。他會說：要不是世俗紅塵把我折磨得這人不人鬼不鬼的樣子，我能這樣嗎？要不是周邊的人不肯幫我，我能一直出醜嗎？我現在這樣失魂落魄，都是別人害的，不怪我。

其實，咱們這些受埋怨的人也不必去理會那狗咬狗的狂吠。舉一個不太形象的例子，假如你救了一隻掉進了糞坑的雞，那麼它首先回報給你的，就是它撲棱翅膀而掉下來的滿身大糞。所以，我們何必再像那些人一樣也做一個同樣的人呢？

紅塵無錯，莫再抱怨社會不公，不必再對周圍的事物有那麼多的不滿，如果你繼續對生活、對朋友、對家人發你的牢騷，吐你的口水，那你和那只從糞坑中被救出的雞有何區別？

沉浸於過去的黑暗，就永遠無法逃避黑色時光，讓自己的心開始發亮，世界也會隨你一起充滿陽光。生活的傷痛不會化成河流一般壯大，只會被那些溫暖而美好的事情所覆蓋。只要我們的心不為外物所轉，那麼缺憾也是完美。其實說到底，紅塵無錯，錯的只是我們對它不正確的認知。

人生曲折，可以說是一場艱難的跋涉，並且伴隨著種種誤會和失落，說得清、說不清都是生活，短短幾十年，哪能承擔許多的煩惱？清官難斷家務事，聰明過頭絕非好事，讓生活裡那些無關緊要之事不了了之。

面對生活的傷痛和無奈，不要認為自己在命運裡到底做錯了什麼，生活就是一場風來雨去、冰與霜的折磨。為人處世，多留幾分迴旋的餘地，能過得去就不妨讓它過去，不必要指責，也不必要吹毛求疵。

不要把生活活得那麼沉重，生活裡沒有那麼多的大是大非，受些委屈，吃些小虧，開心地面對生活，不必要沖著鏡子大喊大叫。別人對你的態度就是你對別人的態度，一番尋找不如捫心自問。

生活裡自然存在許多缺憾，天底下也並不只是你自己感覺無奈，不要讓別人的聲音干擾了你的生活態度，不要和怨恨衝突不休，回頭看，所有煩惱都不過是雞毛蒜皮的小事。

門前流水

好的風光要好的心情去賞，好的心情要好的胸懷去養。人生的美麗不在遠方，一直都在身旁；人生的精彩不在他鄉，就在自己的心房。

小門輕輕開，霧繞青山白；夜鶯邀月去，晨風擁日來。

彎彎山徑遠，盤上桃花澗；夜聆淅瀝聲，日飲潺潺泉。

憶當年，並不愛這裡的曉嵐並沒在意晨露的晶瑩閃亮，並不留戀遠山的美麗璀璨，也沒有喜歡輕柔的晨風、迷濛的月亮和薄霧中睡眼惺忪的朝陽。

寺門前有一條流淌不息的小溪，可那時的自己日日心思重重，沒有興致欣賞溪水的清亮，一挑起水桶便一搖一晃恨不能快些回到住房，從來也沒有停住腳步在溪邊站一站看一看，讚美這裡的溪水清甜又清香，更沒有閒情逸致聆聽夜深人靜時的潺潺溪水聲，如同天籟一般，多麼清心怡人，同樣也沒有心情對它讚賞。

溪水日日夜夜地淺吟低唱美麗的風光卻沒有令我心生嚮往。還有小溪的彎彎曲曲、山徑的曲曲彎彎，在那泥巴路上天天行走，褲腳上沾滿泥點，只走得我滿心生煩。

待如今，再不能抬頭就看到那雲霧繚繞著的青山，再也聽不到溪水唱著快樂的歌謠，才發現，原來曾經擁有的它是那般美麗、如此風光。

無論清晨、日間、日落前，無論買糧、買醋、買油鹽，無論睡覺、吃飯、下田，薄霧繞山、溪水潺潺、小溪彎彎、山嵐冉冉，美麗的景色時時刻刻都在我身旁，怎麼就沒覺得它是這般引人入勝、叫人流連、令人難忘？

好的風光要好的心情去賞，好的心情要好的胸懷去養。人生的美麗不在遠方，一直都在身旁；人生的精彩不在他鄉，就在自己的心房。多少曾經都成過往，追憶留戀徒增感傷，放飛那些昨日時光，抬抬頭，看看陽光，再也不要忘了，我們就在陽光中央。

心平氣和地對待生活和事物，既然能面對自己的不完美，也就能包容別人的不精彩。生活裡一定要謹慎地對待自己對別人的評論，既然能用平常心看待自己，那麼面對別人也不能是一種審判。

佛門有句話，人生最大的敵人是自己。一雙眼睛是為了生活，不是用來觀察別人的過失。多一分包容和寬鬆，不要讓人生走成一個迷宮。人生一回，從善如流。

生活中每個人都會面對指責和怨恨，放開胸懷，忍受一切可能遭遇的中傷和屈辱，每個人的腦袋後都沒有長眼睛，所以拋之腦後最安全。我們費心地去改變外在的世界，倒不如先改變自己的內心世界。

生活裡，人和人的矛盾和摩擦在所難免，針鋒相對肯定是下策，每個人都會經歷背後有人議論的尷尬，別人要說就說吧，我們不去計較，沒必要找這份難受。有句俗話說得好，給別人的其實就是給自己的。

寬容的腳步

寬容是潤滑劑，能調節關係、減少摩擦、避免碰撞；寬容是清新劑，會令人感到舒適、感到溫馨、感到自信、感到世界的美。

《荀子．非相》中說：「君子賢而能容罷，知而能容愚，博而能容淺，粹而能容雜，夫是之謂兼術。」西方有諺語：「世界上最大的是海洋，比海洋更大的是天空，比天空更廣闊的是人的胸懷。」這都是講寬容為懷的道理。

寬容是一種博大的胸懷，是一種崇高的美德。在處世中不唯我獨尊，對不同的觀點、行為要予以理解和尊重，即使自己有理，也不能咄咄逼人、得理不讓，把自己的觀點和行為強加給別人，要尊重他人的自由選擇。尊重別人就是尊重自己，寬容別人才會給自己帶來廣闊的天空。

寬容為懷也是解決問題的最好途徑。待到你的勇敢戰勝了一個個困難，你的慎重一再避免了失誤，你的真情融化了別人心頭的堅冰，你的靈活使我們化險為夷、轉危為安，你的讓步給雙方帶來了廣闊的天地，你的讚美得到了公眾一致認可，人們便會更加理解你、信任你。

人與人之間需要寬容、需要理解。寬容是催化劑，可以消除隔閡、減少誤會、化解矛盾；寬容是潤滑劑，能調節關係、減少摩擦、避免碰撞；寬容是清新劑，會令人感到舒適、感到溫馨、感到自信、感到世界的美。

山谷雖空虛似無，但正因為它的無私，使它的包容之廣、涵蓋之深遠遠超過一座橫空出世的山峰。人心何曾不是如此，帶著一顆無私的心去感受周圍的一切，便自得一片廣闊的天地。

每個人的生活都需要面對一些中傷，或者是莫須有的指責和抱怨，這是一門人生的必修課，一定要學會樂觀地對待、幸福地接受，不管面對多少冷言冷語，當作是對生命信念的熱身和洗禮。

生活裡不可避免地會產生一些惱怒，與其牢記傷害你的人和事，被回憶和仇恨折騰，不如抓緊時間寬恕。如果想儘快地報仇，只有一個辦法，用最快的速度饒恕。

人間說大不大、說小不小，要命的是冤家總是路窄，我們總會和煩惱不期而遇。人生一段緣，以怨報怨，怨永遠存在；以愛報怨，一份善緣。對於別人不能因為不瞭解就不尊重，緣份永遠是生命的主動力。

內心寬容，一定是人生的上乘之道，我們沒有理由和煩惱起爭執，要給別人解釋的理由和權利。生活裡的急躁和衝動是加深傷害的一個客觀條件。肯定自我的價值，不能拿懷疑別人做代價。

第八章　使人成熟的不是歲月，而是經歷

使人成熟的不是歲月，而是經歷。人生的成熟，是意識的提升。歲月，變得了江山與容顏，卻無法讓人心自然地成長。人生的境界，只有在經歷之後，領悟了多少，就有多少成長。

梅花開在好雪時

人生苦與樂的催化劑把握在自己的手中。只要有一個堅定的信念、健康的心態、頑強的毅力、不改的追求、不變的堅韌，就會把困厄一腳踢開，幸福快樂就會圍繞在你身旁。

雪不壓梅香何來？不要埋怨嚴寒之時飄落的雪花是霜上加雪的冷酷，若你是一株不畏風霜的蠟梅，那蒼綠的梅枝遙遙等待的就是那抹雪色。人生的一切逆境亦如這寒風中的飛雪，不是折磨，不是打擊，是鼓勵，是動力。唯有膽怯，唯有懦弱，才會拒絕寒冷，才會恐懼風雨。

一個人的努力和堅強從來都不會付之東流，即使被周圍的人們所忽略，老天爺也會為你鼓掌。看，那梅花總是開在好雪時！即使獨對荒涼，它也可以笑傲蒼茫。當它克服重重困難，戰勝了嚴寒，凜然綻放時，一場好雪便如期而至。漫天的雪花紛飛的不是寒冷，是感動、是祝福、是讚美，是天地因你感到驕傲的翩翩起舞。

多數的錯與失，是因為不努力、不堅持、不挽留，然後告訴自己一切都是命運。很多事情都需要在努力中不斷地堅持，在孤單中堅持，在奚落中堅持，在疲憊中堅持，在困惑中堅持，在痛苦中堅持。也許堅持的結果依然是一無所獲，但是，不堅持的結果肯定是一無所獲。成功根本沒有祕訣，如果有的話，就只有兩個：第一個是堅持到底，永不放棄；第二個就是當你想放棄的時候，請回過頭來再照著第一個祕訣去做。

創下二百米和四百米跑雙料冠軍的短跑老將說：「我用了十年時間訓練，才僅僅加快了一秒多。」那一秒之瞬間卻是十年辛苦換來的。還有一位舉重冠軍說：「我舉得起世界紀錄，但舉不起我平時流的汗水。」人前的風光，背後卻是無數的汗水在流淌。

成功是什麼？它不是光鮮亮麗的舞臺，不是雷鳴四起的掌聲，不是羨慕崇拜的目光；它是堅強隱忍的角落，是不厭其煩地跌倒了再爬起來，是分不清汗水還是淚水的傷痛；它是在堅強與脆弱中跌跌撞撞，用腳步丈量生命的跨度，用勇氣探索生活的可能性，用淚水與笑容浸滿人生的旅途。

烈焰熊熊，鳳凰浴火重生。人生的風雪考驗了一個人的情感、意志和品質。正確看待，堅強面對，以自己頑強的奮鬥、毫不屈服，以堅毅鬥志銳意拼搏、穿越逆境，就會創造出生命的奇跡。人生苦與樂的催化劑把握在自己的手中。只要有一個堅定的信念、健康的心態、頑強的毅力、不改的追求、不變的堅韌，就會把困厄一腳踢開，幸福快樂就會圍繞在你身旁。

人生未必是需要多麼輝煌，只需三寸陽光，心靈就可以像天堂。感謝生活給我們希望，感謝歲月給我們風雨。沒有冷暖的微笑，那是麻木；沒有祈福的人生，那是蒼白。迎著暴風雨，那也是一種豪邁。理解生活，熱愛生活，生活裡就陽光無處不在；感謝生活，創造生活，生活裡就充滿微笑。

梅開雪落驚春夢。雪落，是為了歡呼梅的堅強；梅開，是為了綻放春的夢想。在梅花的心裡，滿心期待的是春天，雖然盛開在北風中，卻是為了做春的使者；在雪花的夢裡，天地姹紫嫣紅，雖然飄飛在嚴寒裡，卻帶來了春的風信。一呼天地錦繡，身落萬點春情。梅瓣在漫漫的飛雪中舞姿輕揚，只一回眸，大地就盛開了萬紫千紅。只要心中有夢，所有的努力終究不會成空；只要心裡有春天、心裡有美景，我們的生命就會有盎然的春機。

延參法師智慧語錄

生活裡和別人相處，最不容易迴避的就是誤會，一定要認清誤會的短暫性和虛偽性，以及誤會還有傷害自己的可能性。所以做人要謙卑，不要因為誤會誤了別人也誤了自己。

每個人來到這個世界上，都注定要經歷風霜、悲歡、無奈、憂愁和苦難的煎熬，任何一個生命都是從開始到結束的一趟艱苦歷程，既要背負命運的重負，又要體會人間的苦樂，不必要滿腹牢騷。

走在生活的歲月裡，需要我們千萬分的感謝，用一雙溫暖的眼睛看世界，面對生活的坎坷和辛苦，告訴自己，也許前世我傷害了歲月，這一世歲月要把它所有的一切拿回去。

離別的傷感

人生，沒有誰能陪誰走到盡頭。其實，人生在世一直在不斷的離別與相聚中度過。所謂離別時的傷感，只是自己的一種心理負擔，換句話說，我們傷感的不是離別，而是我們那顆波動起伏的心。

繁星依舊點點，蒼穹依舊深邃，時不時還有流星劃破夜幕，我靜靜地望著眼前這片天。迷迷糊糊，感覺耳邊有陣陣清風拂過，把我從深深的思索中叫醒，頓覺神清氣爽、心曠神怡。

突然，我想到杜甫的兩句詩：「感時花濺淚，恨別鳥驚心。」離別的時候，每一句話都是那麼重，句句碰撞著我們的心靈；離別的時候，每一句話又是那麼輕，輕輕地說著離別時的感言；離別的時候，每一句話都顯得那麼悲傷，分離的感動在頃刻間爆發；離別的時候，每一句話又顯得那麼珍貴，貪婪地聽著那熟悉的聲音。

人生，沒有誰能陪誰走到盡頭。其實，人生在世一直在不斷的離別與相聚中度過。所謂離別時的傷感，只是自己的一種心理負擔，換句話說，我們傷感的不是離別，而是我們那顆波動起伏的心。只要我們珍惜相聚時的時光，留住那份相聚時的感動，世間輪迴的無常和迷茫就不會左右我們的心。

緣聚緣散，相聚別離，每個人走著不同的路，結束了一段旅程，開始了另一端旅程。生活需要我們不斷地遺忘，不斷地記住新的、忘記舊的，既然有相聚別離，那就好聚好散，分岔路口，你往這頭，他往那頭，各自奔向新生活，只剩行李箱的輪子磨在地上發出的咕咕聲以及自己的腳步聲響徹在耳畔。

離別，請不要傷感。這不是結束，而是新的開始。要相信，會有更好的生活在等著你。

走過人生百年，不要認為自己陷入了苦難，生活的美好就在於你飽滿的信心和熱情，用悲觀失望的心看世界，其實你已經走進了絕望。回頭看你走過生活的泥濘，輕輕地告訴自己，感覺不錯，練就了一副好武藝——滄桑本身就是一種生活的營養。

生活裡陽光燦爛也罷，烏雲密佈也罷，哭笑不得也罷，傷痕累累也罷，生活也沒有向你索取一分錢的報酬，卻把你打造得如此樂觀和灑脫。就把生活當作一個美好的意外，受傷的是懦弱，成就的是壯美。

生命是一種豁達的風範，更是一種包容的藝術。煩惱會再來，因為煩惱沒有從根本消除，證明寬恕還不夠。自己的心地培養了自己的敵人，消滅煩惱的最好辦法就是笑臉相迎。

不要用哭泣解釋生活

生活是一場考驗，痛苦往往是一場重生。生活裡免不了一些小缺憾小煩惱，心平氣和地面對現實，接受那份不完美。多一分灑脫，少一分抱怨；多一分隨意，少一分刻意；換一種心態，換一種生活。

生活，生活，顧名思義就是「生下來，活下去」。我們呱呱墜地，就是哭著來到這個世界上的，難道還要哭著走完這一生嗎？生活原本美好，不需要用哭泣來點綴已綻放美麗的日子。

生活並沒有拖欠我們任何東西，我們沒有必要總苦著臉，應對生活充滿感激，至少，它給了我們生命，給了我們生存的空間。我們要學會做一個心裡有陽光的人，因為心裡充滿了陽光，才能感受到現實的陽光。如果連自己都常苦著臉，那生活如何美好？生活是一面鏡子，照到的是我們的影像。當我們哭泣時，生活在哭泣；當我們微笑時，生活也在微笑。

一個人的情緒，偶爾受些環境的影響本無可厚非，但你苦著臉，一副苦大仇深的樣子，對所有處境並不會有任何的改變。相反，如果微笑著去生活，那麼生活也會被帶動得積極樂觀，別人更樂於跟你交往，就會得到更多的機會，生活才會越過越精彩。

快樂是人精神上的一種愉悅，是一種心靈上的滿足，它會使人變得開心。它是無形的，亦是有形的。快樂我們觸摸不到，但它卻能夠表現在我們的臉上，那就是我們的笑臉。生活不需要哭泣，淡淡一笑，一切安好……

學會在生活裡運用禪法，容納別人的失誤，化解自己的戾氣，聽一聽風來的聲音，品味別人的智慧。禪也是機緣，生活在這滾滾紅塵中，無處不禪。宰相肚裡能撐船，這一句話，你一定能懂。

生活裡無論坎坷還是平坦，沒有人會告訴你怎麼做，也沒有人替你做出決定。人生走過去，自己卻必須走出煩惱的圍牆，面臨選擇與放棄，不必要為每一次選擇而沉重，也不必要為每一次放棄而悲傷。在疲憊不堪的時候，你才知道覺悟，也算為時不晚。

生活的意義，不是因為煩惱而存在，雖然生活裡有許多負擔，但也不至於勃然大怒，更不必要讓煩惱遺傳。準確地說，生活是一場考驗，痛苦往往是一場重生。

生活裡免不了一些小缺憾小煩惱，心平氣和地面對現實，接受那份不完美。多一分灑脫，少一分抱怨；多一分隨意，少一分刻意；換一種心態，換一種生活。既然每天都面對生活，何必帶一些情緒？何必帶一些煩憂？心態好，好生活。

一葉知秋

生活的幸福在於對幸福的態度，合理地分配心情，合理地分配自己的習慣，恰如合理地快樂，不要刻薄地對待所有的陌生。

在塵世上，油鹽醬醋茶，我們每天被各種各樣大大小小的煩惱糾纏。很多時候力不從心，強打精神硬撐著。往往我們在面臨一件無可奈何的事的時候，明明已經看出端倪，知道大勢所趨，卻還是不願撒手。為了虛無縹緲的利益，無力回天，卻一遍遍暗示自己這端倪只是個意外，結果一條道走到黑，只為了驗證自己的錯誤。人生苦短，何苦欺騙自己！

「手把青秧插野田，低頭便見水中天。六根清淨方為道，退步原來是向前。」明明知道面前是大沼澤，卻騙自己前面是大草原，心存僥倖地大步向前走，九頭牛都拉不回，任憑自己越陷越深不能自拔。宋江凱旋封爵榮歸故里，飲鴆含恨而終；劉基運籌帷幄扭動乾坤，功成圓滿身退。往前一步萬劫不復，退後一步海闊天空。激流勇進是勇氣，急流勇退卻是智慧。

人貴有自知之明，明明知道結果，明明知道對於自己沒有結果，就不如放手、不如放棄。重要的不是身體不再受奔波之苦，重要的是心不再受煎熬。等自己放手隨葉而落時，心裡會充滿著一份解脫、一份滿足、一份恬淡。

葉落秋已至，不是松柏，就不要再苦撐著挺立。負隅頑抗，最終也只能是枯萎在枝頭。

延參法師智慧語錄

不要悲觀地看待生活，更不要自以為是，不要自以為剛開始就看到了結局，許多的一念之間離結果還是非常遙遠，仔細想一想這人間，沒有真正的痛苦不堪。把握住每一刻的心平氣和，你會發現人世間也沒有什麼真正的氣可生。生活的幸福在於對幸福的態度，合理地分配心情，合理地分配自己的習慣，恰如合理地快樂，不要刻薄地對待所有的陌生。合理地客氣、合理地厚道，一定會收穫許多的幸福。

傷害別人是一種自欺

終有一天，我們會發現自己曾經所有的不滿、憤怒、委屈、埋怨、仇恨，不是來自他人，都是來自自我。

在生活中，有時的一些牢騷和埋怨能讓自己的心情得到一些舒緩，發怒能讓自己的氣憤減輕一些，傷害能讓自己的心理平衡一些，可是，這又何異於吸毒能讓自己暫時地忘記所有的不快而獲得剎那的飄飄欲仙之感？一時的痛快，卻是以更煩惱更痛苦為代價。如果，你以為傷害他人可以讓自己快意，卻不知傷害是一種自欺。

你為每一次的一時之快所做出的對他人的傷害，最終都會成為你良心上的一份負債。對於良知，你可以不承認它、不相信它，可是，它偏偏就與生俱來地存在於你的靈魂裡，看到它、相信它，只是遲早的事情。

終有一天，我們會發現自己曾經所有的不滿、憤怒、委屈、埋怨、仇恨，不是來自他人，都是來自自我。我們因此而做出的對他人的傷害，就成為我們心靈上一道道永遠的傷疤——每一次的傷害同時也把自己劃傷，當我們把別人傷得體無完膚時，我們自己也早已千瘡百孔傷痕累累。

一顆冷漠的心只會讓自己的心靈冬眠，這樣的生命沒有春色。甦醒吧，歲月依然漫長，何不放開度量？世事百回千轉說盡無常，且隨他高高低低短短長長，是得是失莫放心上，是愛是恨不再思量，何苦為了虛幻捨棄了自己的善良？

不要把煩惱當作生活的敵人，更不要當作智慧的對手，沒有人能夠把你打倒在地，如果自己能量不足，你的確站立不起來。

不要借助祈禱來遠離煩惱，也不要依靠祈禱來得到智慧，生命的妥協一定會導致生命的暗淡，但是一定要清楚競爭不是爭鬥，競爭是一種自我智慧的提高和人格的昇華。

得饒人處且饒人是一句老百姓的口頭禪。生活中是是非非恩恩怨怨，寬恕了那些誤解，比單純的爭吵效果要好得多，讓所有的煩惱都煙消雲散。讓人一步，寬人一招，見識短，難看的不是別人，是自己。

尊重自我是一種好習慣，過度地確定自我卻是一種性格的缺陷；發現朋友的存在是一種智慧，懷疑朋友的存在無疑是一種晴天霹靂。尊重命運的左右，命運的寬闊就在於你周圍還有迴旋餘地。

不如歸去

束縛我們的不是外在的環境，真正束縛我們的恰恰是我們自己。所有的煩惱、所有的痛苦都來源於我們心靈的迷失。

「田園將蕪，胡不歸？」這是一千六百年前一位詩人反問自己的話。田園都快荒蕪了，為什麼還不回歸呢？而他也的確做到了，放下一切功名利祿，返璞歸真，躬耕南山，回歸了田園。

千百年來，工作的繁忙、生活的奔波、人際的複雜讓無數的人們渴望從喧嘩走向寧靜，從忙碌走向閒適。從古至今，多少人為了追尋寧靜，為了尋求心靈的回歸，或隱逸田園，或絕跡山林。但是，為了回歸，為了內心的寧靜，真的需要遠離塵世，去尋一方清幽的山村或是一片靜寂的深山嗎？能夠讓我們踏實安心的，不是某個地方或某個人，是我們自己內心的一份寧靜。

我們要回歸的不是田園，也不是深山；是我們的心靈，是心靈深處的無欲、無我，是大愛和寬廣。我們的心靈原本寬廣得無際無邊，自由得無羈無絆，乾淨得無塵無染，快樂得無涯無畔。

我們應該已經明瞭，狹隘給我們帶來的是困頓，憤怒給我們帶來的是創傷，無知給我們帶來的是迷茫，嫉妒給我們帶來的是彷徨，冷漠給我們帶來的是悲涼……既然我們真切地體會到煩惱的百般滋味如此難受，那為什麼還是緊抱著不放下，不從煩惱中走出來？我們深深地明白了追名逐利的辛苦，那為什麼還是不肯停下匆匆的步伐，還心靈一片自由？

鳥倦飛而知返，鳥兒尚且會因為知道累而回歸，我們卻為何要一直在負累中把疲憊堅持到底，在煩惱中把痛苦放大加劇？我們已經走了很遠，生活已經飽受滄桑，身心已經備感疲累，我們的心靈快要荒蕪了，為什麼還不回歸呢？

羈鳥戀舊林，池魚思故淵。所有生命的本性都嚮往自由自在。但是，束縛我們的不是外在的環境，真正束縛我們的恰恰是我們自己。所有的煩惱、所有的痛苦都來源於我們心靈的迷失。你迷失在利中，就為利所累；你迷失在名中，就為名所困；你迷失在情中，就為情而苦。當我們喜歡什麼、追逐什麼，到時候它們就成為一張無形的網，緊緊地把我們纏繞在其中。

歸去來兮！人心的欲望千千萬，塵世的煩惱萬萬千，不如歸去。從狹隘、嫉妒、憤怒、愚癡、傲慢、貪著中走出來，回歸心靈的善良、堅強、包容、豁達、無私、快樂。也許，回歸需要一種勇氣，就如放下比拿起更需要擔當，但是能因此就讓自己的一生在煩惱無盡的沼澤中沉淪嗎？歸去，是心靈的呼喚，讓回歸成為對自己的一份承諾、一份信仰，唯有生命超越了自我，心靈才能獲得真正的自由和安詳。

生活裡我們經常會面對一些意見不合的人，需要的是一份溫和與沉默。

每個人都是自己命運的決策者，每個人都是自己命運旅途的跋涉者，滿懷著希望，風雨中兼程，戰勝過許多困難，卻總勝不過自己的狹小見識。

問問自己，問問生活，不管人生多麼風光無限，不管人生如何平凡平淡，或多或少的煩惱本來就是命運的搭檔，如果和煩惱以牙還牙，那麼你就會被命運捉弄得滿地找牙。胸懷的寬大，一定能療癒命運的傷口，快樂越多，煩惱必少。

如果給隨緣一個理念，那就是知足常樂、平常心、不強求，在努力中進取，不要給自己的命運挖下一個又一個的大坑。生活的能量應該是歡喜、讚揚、希望，生活的陷阱就是憤怒、貪婪、軟弱。

想說一聲感謝

感謝遠方的，它讓我們有了追求；感謝擁有的，它讓我們知道了珍惜；感謝放下的，它讓我們懂得了滿足。感謝天地間，心懷感恩心。

回向，一個每天被佛教僧尼掛在嘴邊的詞，也是一件佛教僧尼每天要做的事。將自己的功德施予大眾，自利利他，是佛教大眾對法界眾生最真誠的感謝。

作為一名佛教徒，我們要心懷感恩，感謝大眾，我們是這個大眾的一分子，沒有大眾就沒有我們這個個體。既然心懷感恩，就不僅要對和我們息息相關的人和事送去一份祝福，更要對其他的一切眾生道一聲感謝。

感謝不是一句空話，不光要嘴上說，還要心裡想，更要手上做。有的人，上天奪走了本屬於他的健康，他卻用頑強的毅力來感謝生命；有的人，上天沒有賜給他富裕的出身，他卻用完美的歌聲來感謝生活；有的人沒有神力，卻用堅實的雙臂來感謝社會……他們都有一顆感恩的心，都用一顆感恩的心演繹著人間的大愛。

呱呱墜地，牙牙學語，我們感謝父母；學為人師，行為世範，我們感謝師長；讓我堅強，伴我成長，我們感謝朋友；浩瀚無垠，心曠神怡，我們感謝大海……

想說一聲感謝，發自內心的真誠的一句感謝，對所有人，對所有物，對天地間的一切。

感謝遠方的，它讓我們有了追求；感謝擁有的，它讓我們知道了珍惜；感謝放下的，它讓我們懂得了滿足。感謝天地間，心懷感恩心。

延參法師智慧語錄

生活中的種種苦難並不是命運的埋伏，頭破血流也好，傷痕累累也好，與命運沒有關係，根本就在於你對於命運的態度是否客觀、是否主動。每一個命運都是經歷磨難的過程，你的態度決定了你受傷害的程度，你的堅強足以包容生活中所有的挫折。

不要拿自己的命運和別人對比，更不要落寞消沉、自怨自艾。一種心態就是一種方向，它是治療不幸的唯一藥物。如果生活裡面對哭笑不得，那麼我們就只有一種選擇，只笑不哭。嫣然一笑，如此簡單。

人生本來苦短，更有許多牽絆，善待那些苦難，何必在意那些難說的悲歡？如果有一天啞口無言，何不裝作一種豪邁或者是一種恍然大悟？

傷心總是難免的

人生的這場戲裡，如果把自己當作真實的角色，入戲太深，就會活得很辛苦；如果能夠把自己當成觀眾，保持超然的心態去面對一切，就會活得輕鬆許多。

「早知道傷心總是難免的，你又何苦一往情深？因為愛情總是難捨難分，何必在意那一點點溫存……」很熟悉的一段歌詞，包含著現實感情中的悲傷、無奈、心痛。

今天，有位朋友給我打電話，告訴我：他失戀了、崩潰了，也絕望了，他期待已久的夢想破滅了，好似大海失去了水源、大樹失去了綠葉、候鳥失去了方向，所有的一切都停了下來，不知所措了，一切來得太不自然了，一切也走得太不正常了，他甚至懷疑人生是不是在跟他開玩笑，懷疑生活已經拋棄他了。

人生的路上不需要懦弱的傷心、難過，我們更應該選擇去堅強、去拼搏，去做更有意義的事，要學會在生活的經歷中學會頑強和勇敢。即使遇到非常殘酷的現實，那也是老天爺對我們的生活考驗，勇敢地去接納它、面對它，它會使你不斷地成長。我們不要總歎息命運的不公平，要從中學會堅強，學會勇敢，學會努力。

在人生的這場戲裡，如果把自己當作真實的角色，入戲太深，就會活得很辛苦；如果能夠把自己當成觀眾，保持超然的心態去面對一切，就會活得輕鬆許多。生命是無盡的積累，每個人來到這個世界，生命的起點和終點都是一樣的，只是所經歷的不盡相同罷了，所以，不要為那些經歷太過在意，一切都是過眼雲煙。明白了這個道理，我們就要平靜地面對人生，用一顆無求的心去改造自己的命運，去享受這美好的人生。

走過人生的取捨才能瞭解痛苦和快樂究竟意味著什麼。痛苦是一種折磨，但誰又能說清楚快樂是什麼。既然苦和甜都是生命的味道，那麼又何必在意風雨和花香？

如果要感謝生活，一定要感謝自己曾經的崩潰和曾經的堅強。人生需要三思，否則，你會全軍覆沒。

生活裡一定要面對自己心胸的狹窄，一定要觀察自己那些內心的耿耿於懷。每個人都會和煩惱短兵相接，如果缺乏清醒的觀照，你一定會傷亡在煩惱之下——苦惱、憂鬱和煩躁。

生活在這個社會大舞臺，如同是一場直播的話劇，你說我說大家說，誤會在所難免，一定不要急躁和衝動，一定要包容別人的解釋和聲音。每個人都有話語權，每個故事都存在著悲劇性，所以生活一定要幽默而親切，這是減少傷痛的唯一辦法。

過好自己的人生

作　　者　延參法師

總 編 輯　陳郁馨
副總編輯　李欣蓉
主　　編　李欣蓉
行銷企畫　童敏瑋
社　　長　郭重興
發行人兼出版總監　曾大福
出　　版　木馬文化事業股份有限公司
發　　行　遠足文化事業股份有限公司
地　　址　231新北市新店區民權路108-3號8樓
電　　話　(02)22181417
傳　　真　(02)8667-1891
　　　　　Email: service@bookrep.com.tw
郵撥帳號　19588272木馬文化事業股份有限公司
客服專線　0800221029
法律顧問　華洋國際專利商標事務所　蘇文生律師
印　　刷　成陽印刷股份有限公司
初　　版　2017年05月
定　　價　340元

國家圖書館出版品預行編目(CIP)資料

過好自己的人生 / 延參法師著. -- 初版. -- 新北
市 : 木馬文化出版 : 遠足文化發行, 2017.05
　面；　公分
ISBN 978-986-359-392-8(平裝)

1.佛教修持

225.87　　　　106005177